高校生のちからを信じたい

「不起立」教師の平和教育

まえがき

「過去に目を閉ざす者は結局のところ現在にも盲目となります。非人間的な行為を心に刻もうとしない者は、またそうした危険に陥りやすいのです。」（ワイツゼッカー西ドイツ大統領・一九八五年五月八日）。教育基本法が「改正」されてしまった今日の日本の状況は、いよいよこの言葉を私達が深く心にとめなければならない時期になってきているのではないだろうか。高校生、大学生の学力低下が言われて久しいが、日本の未来にとって由々しい出来事である。

本書は、東京都立高校に三六年間勤務し、社会科・公民科を教えてきた一教師のささやかな実践記録であるとともに、「日の丸・君が代」強制など都立高校の変容の実態を伝えながら、未来を担う若者たちへのメッセージを発信するものである。全体の七割は過去に発表したものの採録であり、巻末に初出の一覧が掲げてある。私がこのような書物を出版することができたのは、すぐれた実践から学ぶとともに、自らの実践を自由に発表し交流できる場があったことによる。

高等学校は国民的教養の基礎を学ぶ場であり、二一世紀を担う高校生たちにしっかりした基礎学力を身につけさせ、人類の生み出した「普遍的な価値をもつ」優れた文化遺産を継承できるようにしなければならない。私の実践の問題意識はここにある。

第一部は、若者へのメッセージと東京都教育委員会による都立高校「改革」の経過などである。私は、退職する二年二ヶ月前に、都立杉並高等学校創立五〇周年・定時制四〇周年記念式典の国歌斉唱時に着席したことによって戒告処分を受け、退職後の嘱託も不採用となった。多くの教職員が予防訴訟や人事委員会での不服審査請求などのたたかいを続けてきたが、これらの経過と歴史的な難波判決要旨の抜粋をも収めた。

第二部は実践記録である。第一章は、石神井高校における「倫理」の授業のまとめである。「現代日本の立場から思想を遠近法でみる」いわば歴史認識と結びつけた思想学習や、青年期の学習、読書の課題、「二分間スピーチなどである。第二章は、保谷高校で一〇年間にわたってやってきた「現代社会」の授業のなかでの、自ら調べ発表し討論し、考える自主的な学習についてまとめたものである。第三章は、保谷高校での広島・長崎修学旅行のまとめである。

第三部は、保谷高校の文化祭を中心として、高校生たちの素晴らしい取り組みを感激をこめてコメントしたものである。この文化祭は、保谷高校生、教職員、保護者のみが知る「ホウヤ・ワールド」である。最初からかかわった清水敬一先生は、文化委員会委員長などに、紅茶を一緒に飲みながら、立川高校や戸山高校の文化祭を見にいくようにすすめた。そしてそれらを参考にしてコンクール形式導入にふみきるなかで、三日間にわたる燃える文化祭の伝統がつくられていったのである。

「戦争放棄・戦力不保持」を明記した憲法九条が守られ、平和な社会の中で「普遍的で個性豊かな文化」が花開く豊かな未来を、若者がつくっていってほしい。

二〇〇六年一二月

高校生のちからを信じたい◆目　次

第一部　若者へのメッセージ

第一章　二一世紀は若者がつくる

一　二一世紀――核兵器と戦争のない、環境と福祉の世紀へ

戦後五〇周年の夏にカナダに行った（一九九五年八月）。トロント二泊・バンフ二泊・バンクーバー二泊のパック旅行で、ナイアガラの滝やコロンビア大氷原、ロッキー山脈、花いっぱいの美しいビクトリア島など、大自然の雄大さ・美しさに驚いた。同時にたった六泊のカナダの旅のなかでも、日本社会よりもいろいろな点で進んだカナダの社会やそこで住む人々について、かいま見ることができた。

＊車椅子の人達があちこちで生活を楽しんでいる

今でこそ、日本でも車椅子の障害者の方を街でよく見かけるようになったが、当時はあまり見かけなかった。ところが、カナダではあちこちでよく車椅子の人達に出会った。ガイドさん、いわく。「よく

観光客の人が、カナダは障害者の人が多いのですか、と質問されますが、とんでもありません。カナダでは障害者のための施策が行き届いているので、普通の人々と同じように街に出て生活しているのです」

成田から一〇数時間飛行機に乗って、いよいよトロントの空港に着く前にビデオが流された。英語で言葉はよく解らなかったけれども、鳥のさえずりも入った「自然環境を守ろう！」というようなメッセージのビデオだった。空港に着いたら、車椅子の人があちこちに見られた。飛行機から降りたり、また乗ったりされているのだろう。トロントにはCNタワーという超高層タワーがあり、そこへ行った。有名な観光スポットで、エレベーターに乗るため大勢の人達と一緒に並んだ。そこにもまた、車椅子の人が何人か並んでいた。

バンクーバーから船に乗ってビクトリア島というカナダの南端にある暖かい島へ行った。島全体が公園のようになっていて、けばけばしいほどの花がいっぱい植えられ、アライグマなどもいた。実はこの旅行は妻と七〇代になる妻の両親も一緒だったのだが、痛風で足が弱い義父をめざとく見つけた四〇歳くらいの公園の職員かと思われる人が、すぐ車椅子をもってきて義父を乗せてくれた。そして、広い公園を一時間近くもずっとおして歩いてくれた。この公園もそうだが、カナダでは多くの公園や公共施設に段差のない車椅子のためのスロープが普通の歩道とは別にあちこちにつくられていて、車椅子でずっと行くことができるようになっている。感心した。最後にお礼にチップを出そうとしたら、とんでもないという身振りで受け取ろうとしない。表情もやさしくとてもいい人だ。あの人は義父のような人のために待機して働いている人なのかと思った。車椅子も常に用意しているのに違いない。

＊昼間からライトをつけて走っている車

観光バスに乗って道路を走り、外を眺めると、走っている車の半分以上が昼間なのにライトをつけている。不思議に思っていると、ガイドさんの説明があった。カナダでは、一九八八年以後製造された車はエンジンをかけると自動的に前のライトが点灯するようになっている、とのこと。なぜかというとライトをつけている方が交通事故が減ることがわかったので、義務づけるようになったとのこと。うーん、そうか、人命を守るためにそんなこともしているのかと、と驚いた。日本では毎年、交通事故で一万人近い人々が命を失っている。実は、ぼくの父・立川秀賢（僧侶）は、一人で軽四輪を運転していて居眠り運転でガードレールにぶつかり、圧死という状態で亡くなってしまったのである（七一歳）。

カナダから帰って、日本は一見経済的に豊かだけど、福祉や環境問題への対策などでまだまだ遅れているな、と痛感した。

＊戦争の違法化へ——国連憲章と日本国憲法

倫理の授業でも紹介したが、大西洋憲章（英米共同宣言・一九四一年八月）では次のように言っている。「すべての国のすべての人類が恐怖及び欠乏から解放されてその生命を全《まっと》うすることを保障するような平和が確立されることを希望する」。このような考えを土台にして、国際連合の構想が生まれた。第二次世界大戦がいよいよ終わろうとする一九四五年四月に、サンフランシスコで国際連合憲章が採択された。その前文の冒頭では以下のように書かれている。「われら連合国の人民は、一生のうちに二度まで言語に絶する悲哀を人類に与えた戦争の惨害から将来の世代を救い、基本的人権と人間の尊厳及び価値と男女及び大小各国の同権とに関する信念をあらためて確認し……共同の利益の場合を除く外は武力を用いないことを原則の受諾と方法の設定によって確保し……」

国連憲章は国際紛争の平和的解決を理想としながらも軍事力＝国連軍による解決をも想定している。しかし日本国憲法第九条は、国連憲章よりもさらにすすんで、「戦力」＝軍備そのものを否定した。一八世紀末、ドイツの哲学者カントの永久平和論にある「常備軍の全廃」を、この日本で世界に先駆けて実現したものである。日本国憲法第九条は八月六日・広島（二〇万人以上死亡）、九日・長崎（約七万人死亡）の惨禍をへて、まさに軍隊の廃止にふみきったのであり、当時の多くの日本国民がこれを歓迎した。さらに日本国憲法第二五条は「すべて国民は、健康で文化的な最低限度の生活を営む権利を有する。（二）国は、すべての生活部面について、社会福祉、社会保障及び公衆衛生の向上及び増進に努めなければならない」とのべている。これは、GHQ案をもとに政府が作成した憲法の原案にはなかったのが、日本社会党の提案によって追加されたものである。一九一九年のドイツのワイマール憲法にはじまる「社会権」の基本的な規定が入ったのである。

＊二一世紀は若者がつくる

日本はカナダやドイツ、フランスなど先進国からもっともっと学ばなければならないが、これは日本国憲法の精神を実際生活に実現していくことなのである。日本国憲法について、近年改憲論議が盛んである。また、ニューヨーク・テロ事件にたいするアメリカの報復戦争についても、「戦争ではなく理性と国連憲章＝国際法による解決を」という声も起こった。二〇世紀は二度の世界大戦を経験したけれども、同時に、国民主権と国家主権の確立・基本的人権と自由・平等の理念を大きく前進させた世紀でもある。二一世紀は、二〇世紀の達成を土台に、人類を絶滅させる兵器＝核兵器と戦争をなくす世紀、地球環境を守るために国際社会が大きく団結して新しい社会をつくっていく世紀となる可能性をもっている。

二一世紀は高校生である君たちがつくっていく。君たちもまず学ぶことから出発して、新しい世紀を若者の感覚と発想・行動力でつくっていくことを期待している。（二〇〇二年二月）

二　世界の名作文学を味わい豊かな人生を

僕は大学生の頃から二〇代の時には、よくクラシック音楽を聞いた。バッハの**ブランデンブルク協奏曲**などから二〇世紀初頭までの「名曲」を中心に、もちろんＬＰレコードで聞いていた。感動した曲はたくさんあったが、なんといってもモーツァルトの音楽は抜群の魅力があり、若く逝ってしまった彼の音楽との出会いは限りない大きな喜びであつた。**レクイエム**をはじめ素晴らしい曲はいっぱいあるが、隠された名曲を一曲だけ紹介しよう。それは……**ピアノ四重奏曲・第一番**。

四〇代になったら、世界の名作文学に挑戦するようになった。「世界」とはいっても欧米の近代以後の小説が中心だが、音楽とはまた違った楽しさと充実感を体験した。長編小説を読みとおすためには多くの時間を費やさなければならないが、作品世界に入り込み、男女の登場人物の深い感情や喜怒哀楽をともに分かち合い没頭することは、人生で最も幸福な瞬間かもしれない。プルーストやジョイス、フォークナーなど難解な作品は途中で潔く読むのをやめることにしているが、主要な名作はだいたい読んだ。倫理の授業では毎年「世界児童文学ベスト一九」などを紹介しているが、ここでは私が選んだ傑作中の傑作を三五点作品名だけ紹介しよう。※マークのあるものは高校生でも読めそうな本なので、このような純文学の作品もいつか読んでほしい。

イギリス文学　「ロビンソン・クルーソー」※「宝島」※「テス」「ドリアン・グレイの肖像」※「月と六ペンス」「チャタレイ夫人の恋人」

アメリカ文学　「緋文字」「アンクル・トムの小屋」「ハックルベリー・フィンの冒険」※「武器よさらば」「大地」「八月の光」「怒りの葡萄《ぶどう》」「誰がために鐘は鳴る」※

フランス文学　「マノン・レスコー」「告白」「赤と黒」「ゴリオ爺さん」「レ・ミゼラブル」「八〇日間世界一周」※「女の一生」「ドルジェル伯の舞踏会」「魅せられたる魂」「人間の土地」※「チボー家の人々」

ロシア文学　「検察官」※「アンナ・カレーニナ」「カラマーゾフの兄弟」「復活」「母」「静かなドン」

「ロリータ」
ノルウェー文学　「人形の家」
中国文学　「ワイルド・スワン」
日本文学　「源氏物語」（瀬戸内寂静訳）

第二章　都立高校の自由・自主を守るために

一　都立高校の伝統があぶない——都立高校「改革」は何をねらっているのか

私は岐阜市の高等学校を卒業して、都立高校の教員となった。そのなかで都立高校の先輩教師から学びながら一人前の教師になってきたが、都立高校の自由・自主・自立（自律）の教育の素晴らしさを学んだ。それは簡単にはまとめられないが、受験だけに偏らない真の学力をつける授業、生徒たちの自主的な運営を励ます文化祭・体育祭・卒業式などの豊かな学校行事、平和学習を一つの柱とする広島・長崎・沖縄修学旅行などである。それらの教育のもとになっているのは、都立高校における学校自治である。隔週の水曜日に開かれる職員会議は、みんなが自由に意見を言い合い、共通理解を得ながらその学校のあらゆる教育活動について報告・審議をする重要な場である。そして、予算や翌年度の担任など仕事の分担も含め職員会議で最終的に決定したことを、みんなで実践していく。校長もその決定を尊重する。その学校自治を支えた一つが東京都高等学校教職員組合である。かつて百パーセント近かった組織率は下がっているが、現在でも六割台を維持している。そして、「日の丸・君が代」の強制反対で長くたたかってきた。この都立高校の自由な教育活動の空間を生み出した土台となっているのが、憲法・一九四七年教育基本法によって示された平和主義・民主主義の理念と教育の自由の原理である。

ところが、戦後営々と築き上げられてきた都立高校の教育が東京都教育委員会によるトップダウンの「都立高校改革」によって、石原都知事が登場する前から急激に変えられてきた。一九九七年にはじまった「都立高校改革推進計画」は、当初生徒数の減少に伴う統廃合という側面が前面に出ていたが、同時に新たな都立高校づくりも示されていた。その後現場の意見とはまったく別に「上から」矢継ぎ早の「改革」施策が決定され、次々に実行されてきた。これらの「改革」はいまや教育内容そのものの改変＝都立高校生の意識改造をねらうものへと進行してきている。行政権力による都立高校の教育内容そのものの改変は、まさに教育基本法「改正」の先取りであった。石原都知事が言うだけでなく都教委幹部が作成した報告書にも、**東京の教育を変えることによって日本の教育を変えていく**、ということが実際に書かれている。本稿はこの経過をまとめたものである。

（二）「平和と平等」の理念から「差別と競争」の都立高校へ

＊統廃合と多様化・差別化をすすめる「都立高校改革推進計画」

都教委は一九九七年に第一次改革推進計画を策定し、一九九九年の第二次改革推進計画をへて、二〇〇二年には「改革推進計画・新たな実施計画」を決定した。この計画は着々と進行しているが、完成すると二〇一一年には全日制高校は二〇八校から一七九校に、定時制高校は一〇〇校から五五校になる。これは学級定員四〇人を変えないという想定である。もし、学級定員を三〇人に減らすと二〇一一年には五四校不足すると、都教委自身が試算している。こうして、戦後数十年にわたって地域とともにつくりあげてきた多くの都立高校が消えていった。山田洋次監督は、かつて都立高校の統廃合反対の集会に一つのメッセージを寄せた。「一つの学校が消えるということは、その学校の生徒と先生・保護者や地域がつくり上げてきた文化が消えてなくなるということです」。この改革推進計画に対して、最後までねばりづよく反対運動を続けた水元高校などの全日制高校、多くの夜間定時制高校の関係者や市民が都議会陳情署名などを行った。しかし、統廃合計画を見直させることはできなかった。

さらに重大なことは、すべての都立高校が差別的に再編成されていっていることである。既設の学校の特色化がはかられるとともに、二つの学校をつぶして一つの新しいタイプの学校をつくるというパターンが多いが、あまりにもいろいろな特色をうたった学校が生まれて都立高校の教師ですら全体がよくわからないという状態である。全体として都立高校の多様化・差別化・階層化がすすんでいる。以下は主な再編計画の紹介である。

○全日制高校

《特色推進校》進学指導重点校（日比谷・戸山・西・八王子東・青山・国立・立川）、ＩＴを活用した教育推進校（北園・府中西・砂川）、エンカレッジスクール（足立東・秋留台・練馬工業）、デュアルシステム（六郷工科）。

《中高一貫六年生校・一〇校》二〇〇五年〜六年に創設、白鳳・桜修館（旧都立大付属）・小石川・両国。二〇〇八年創設、北多摩・武蔵。二〇一〇年創設、富士・大泉・南多摩・三鷹。

《単位制高校》四つのタイプ＝「多様な学習型」飛鳥・芦花・上水・美原・大泉桜・翔陽。「進学重視型」墨田川・国分寺・新宿。「専門型」六郷工科。「定時制型」新宿山吹・一橋・砂川。

《総合学科高校》推進計画以前の晴海総合。つばさ総合・杉並総合・若葉総合など。

《専門学科高校》工業高校や商業高校も特色化がはかられるとともに、二〇〇一年に科学技術高校（理工系の大学進学）・二〇〇四年に千早（進学型商業）が創設された。今後、産業高校・特色化工業高校・国際高校・体育高校・総合芸術高校などが新設される。

○定時制高校

《チャレンジスクール》桐ヶ丘・世田谷泉・大江戸・六本木。

《昼夜間定時制高校・六校》生徒は午前・午後・夜間の三部から選ぶ。新宿山吹・砂川・一橋の他に今後三校でき、夜間定時制の灯はどんどん消えていく。先に述べたように定時制の学校数は約半減である。不登校体験や全日制中退・外国籍など様々な条件をかかえた子どもたちが、遠いところにある昼夜間定時制高校に通わなければならなくなるので、定時制高校にもいけなくなる生徒が生まれる。二〇〇四年の入試以来、毎年八～九〇名もの生徒たちが二次募集で不合格となっている。かれらはどこへ行ったのだろう。

＊都立高校どうしを競わせ格差をつける「学校経営計画」

二〇〇二年四月に「都立高校等の経営に関する検討委員会」報告が出された。その報告書では学校経営について以下のように定義している。「校長が《目指す》学校を具現化するため、各学校の教職員・予算・設備・その他の経営資源を活用し、最も有効な手段により、学校運営を行い、教育の質の維持・向上を目指すこと」。これは企業経営の論理を学校にもちこむものである。Plan-Do-Check Action（計画・実施・評価・行動）の図が書かれている。

この報告にしたがって、二〇〇三年四月からすべての都立高校で学校経営計画が発表された。学校経営計画には数値目標をも入れた具体的な計画が書かれ、教職員はその目標に沿って教育活動を行う。そして年度末に、その経営計画に基づいて自己評価をしその結果を都民に発表する、という手法である。学校経営計画の策定のために校長は教職員に意見を聞くが、最終決定権は校長にあり、教職員の意見を無視して校長が独断で決めてしまう場合もある。都教委は各学校の評価をして、成果をあげている学校を重点的に、ヒト（教員の加配）・モノ（施設・設備）・カネ（予算）で支援する。校長や教職員は、たえず数値目標に反映されるような評価を出すように努力しなければならない。

次は、ある学校の平成一八年度の学校経営計画の一部である。

現役大学進学率六〇％以上、現役国公立合格者数七〇名以上、現役難関私立大学合格者数六〇名以上をめざす。「進路だより」を三〇号以上発行する。中学校訪問を組織的に行い、前年度訪問校数の一割増を目指す。学校説明会への参加中学生数の、前年度一割増を目指す。入学者選抜応募者数の、前年度一割増を目指す。

都教委は、二〇〇三年度から重点支援校（三年間）というものを指定するようになった。重点支援校は二〇〇六年度までに合計五六校が指定されている。一般の高校より予算などで優遇されるが、実績をあげて評価されるように努めなくてはならない。指導主事が数人来て、授業も見るという。各学校は生き残りをかけて外受けをねらう特色化をはかることになり、そういうなかで校長の独断も生まれる。

二〇〇三年度の入試制度から、都内一〇学区（島嶼は除く）に分かれていた学区が完全撤廃された。中学校の調査書の評定は絶対評価になり、評判の悪い得点化される自己ＰＲカードが義務付けられた。この自己ＰＲカードはあまりにも都民からの評判が悪く、二〇〇七年度の入試からは事実上廃止されることになった。こうして全都の都立高校が受験者をふやすための競争に追い込まれることになった。

地域の都立高校ではなくなり、遠くから通ってくる生徒が増えるなかで、ＰＴＡ活動も以前よりやりにくくなった。

二〇〇六年度から学校経営支援センターが発足した。「月一回の学校訪問等を通して、学校の課題を的確に把握し、学校の実態に応じた機動的できめ細かい支援を行う」としているが、「学校経営支援、教育活動支援、人事管理支援」の内容は、教育の条件整備を超えて教育内容そのものにかかわる介入となることは明らかである。六か所にできたセンターごとに二チームをつくり、一チームは二二校程度を所管する。この「経営支援チーム」は、経営支援室長以下、校長級から事務系係長までの七名からなり、月一回、担当の学校を訪問する。企画調整会議や職員会議にも参加できる。副校長は自分の学校の校長に従うべきか、センターの指導に従うべきか、天秤棒にかけて考えるそうである。戦前の視学官の再現になりつつある。

（二）　職員会議中心の民主的な学校運営から校長・管理職中心の「学校経営」へ

＊校長が教員を毎年評価する人事考課制度

二〇〇〇年度から人事考課制度が実施されるようになった。教員は校長が最終決定する学校経営計画に基づいてその年度の自己申告書を提出する。「学習指導、生活指導・進路指導、学校運営、特別活動・その他」のそれぞれについて、今年度の自分の目標やその目標を達成するための手立てなどを書く。校長・副校長は学期ごとに授業観察・面接を行って教員の業績評価をする。教員は面接のなかで、できるだけ具体的な目標を書くように言われる。年度末に第一次評価者の副校長と第二次評価者の校長が、S・A・B・C・Dのどれかに○をつける業績評価書を提出する。これは、さきの自己申告書の四つの項目のそれぞれに「能力・情意・実績・項目別評価」の四つ、合計一六項目に○をつけ、総合評価にも○をつける。これは絶対評価だが、教育委員会がS・A・B・C・D五段階の最終相対評価を行う。CやD評価がつくと昇給が不利になり、校長の指導下におかれる。二〇〇六年度から人事考課制度は改定された。教員の評価者は校長に一本化されるとともに、業績評価はA～Dの四段階になって定期昇給に直接連動するようになった。

教員の自主的な研修はどんどん剥奪され、人事考課制度と連動したライフステージに応じた研修制度も導入され、五年間の研修計画も提出するようになった。

＊職員会議の議論が弱まり企画調整会議中心の学校運営になりつつある

一九九八年七月から学校管理運営規則が改定され、すべての高校で一律の管理運営規則がつくられた。その中で、職員会議は校長の補助機関であること、管理職と主任による企画調整会議を設置すること、職員会議で選出された人事委員会（翌年度の担任や分掌の案を提案する）や予算委員会（予算案を提案する）を廃止することになった。これまでの職員会議を中心とする民主的な学校運営が否定され、管理職と主任による企画調整会議で決定したことを一般の教職員が実践するだけ、という上意下達の体制づくりへと変えていこうとしたのである。「学校の体質改善」にむけて、「校長のリーダーシップを確立するため」という言い方である。

二〇〇三年度から主幹制度が実施されている。二〇〇九年度までの七年計画で全日制六人、定時制一人の中間管理職としての主幹（特二等級の給料表を新設）をおくことになる。校長・副校長・主幹による企画調整会議を開き、職員会議の形骸化がねらわれている。従来の主任のなかで「主幹」が多数派を占めつつあり、自由にものを言う雰囲気は失われつつある。新設校で職員会議を廃止し教職員連絡会とした学校もすでに現われている。それでも多くの学校現場では職員会議とその民主的運営を守ってきた。

こうしたなかで、二〇〇六年四月に「学校経営の適正化について」（通知）が出された。（1）企画調整会議を中心とした学校運営を行う（2）職員会議の適正な運営＝「挙手」「採決」等の方法を用いて職員の意向を確認するような運営は行わないこと等（3）委員会の整備と適正な運営＝分掌組織や校内人事案に関する委員会を設置したり、委員会にそれらを調整させたりすることは許されない等である。成績や進級、卒業判定も職員会議で審議・採決できなくなったのである。これについては多くのマスコミが批判の社説記事を書いた。民主主義を教えるべき学校で民主主義の重要な手続きの一つである採決を許さないということは、生徒たちと直接接している教員の意見を反映させなくて良いということになるのではないか。

＊校長に逆らうと異動させられる―異動要綱の改定

二〇〇五年九月から、新しい異動要綱が完全実施となった。三年をすぎたら異動対象となり、六年をすぎたら強制異動となる。しかし、三年未満でも校長の具申にもとずいて異動対象となるし、六年に達しても校長の具申をもとに残留できる。校長の学校経営計画に基づく人事構想に合わないものはとばされるという事態になり、一年でとばされた人も生まれている。また、二〇〇四年度から重点支援校などで校長が全都から教員を公募できる制度も生まれ、公募校は四割もの学校に広がっている。学校の特色化にふさわしい教員を校長が募り、その数だけ校長の気に入らない教員を異動させることができるようになった。公募により学年担任途中なども関係なく一度に一七人入れかえられた学校もある。そのなかに担任途中も六・七人いたということである。とんでもない事態だ。四・五年で教員の総入れ替えが行われる学校も多く出てきた。六年で異動となると、担任は二回できなくなる。また、三年間同じ担任団のメンバーで生徒たちを見ていくということが、まれになってしまっている。教育の継続的な発展やその学校の伝統も危なくなる。

(三)　都立高校生の意識改革がねらわれている――教育内容への本格的な介入

二〇〇一年一月に東京都教育委員会は基本方針から「日本国憲法及び教育基本法の精神に基づき、また児童の権利に関する条約等の趣旨を尊重して」を削除した。そして、教育目標のなかに、「わが国の歴史や文化を尊重し国際社会に生きる日本人の育成」を挿入した。そして、これらの目標にしたがって教育内容への本格的な介入が着々とすすんできている。ある教育委員は、東京都では「教育基本法は実質的に改定されている」と公言してはばからない。

＊新しい歴史教科書をつくる会の教科書を採択

東京都教育委員会は二〇〇一年から現在までに、四つの中高一貫校と一部の障害児学校で「つくる会」の教科書を採択した。教科書採択制度を「つくる会」教科書が有利になるように変更し、一部の障害児学校で採択するとともに、現場教員の意思を聞く前に新しくできる中高一貫校で、教育委員会の権限で「つくる会」の教科書採択を決めてしまったのである。中高一貫校は今後六校できるので、すべて「つくる会」の教科書となる可能性が高い。これらの学校はいずれも進学実績があり、学校行事も盛んで自由・自主の伝統をもっている。中高一貫校では、「社会の様々な分野でリーダーとして活躍できる生徒や国際社会で活躍できる生徒の育成」（両国高校付属中学校）などの目標が掲げられている。今後どのような教育が行われ、どんな学校になっていくか見守らなければならない。

＊七生養護学校の性教育への介入と授業の週案提出

二〇〇三年七月二日の都議会で、民主党の土屋たかゆき議員の質問にたいする横山教育長の答弁があり、七生養護学校の「性教育授業」と都立学校における卒業式・入学式に対する介入が始まった。

その二日後、七生養護学校に土屋議員など都議三名と地元の市議、産経新聞記者や指導主事などが来校して、性教育について事情調査を行なう。七月五日から「まるでアダルトショップ」と産経新聞はキャンペーンを開始した。その後、都教委による全教員に対する異例の事情聴取も行われた。そして、ついに九月一一日、都教委は七生養護学校をはじめ養護学校の管理職三七名、教員六五名、教育庁関係者一四名を処分した（教員は厳重注意）。都教委はこの「事件」を利用して、都立学校全体に九月から毎週の授業計画を校長に提出することを義務付けた。職員室に教員一人ひとりのファイルがつくられ、授業プリントも含め、外部から希望があれば閲覧できるようにしなければならないとのことである。

＊教育委員会主催の講座で高校生を教育する――東京未来塾

二〇〇四年度から都教委は東京未来塾を開講した。「日本の将来を担い、社会に貢献する志を持つリーダーを育成する」ため高校三年生を全都から募集し、一年間講座を受講させる。そのなかには五日間の体験学習が含まれ、「福祉、環境保全等に関する奉仕活動体験や企業等における就業体験」をする。そして、修了者は首都大学東京の特別推薦入試を受験することができる。

＊教員を研修でしばりつける二、三年次授業研究・東京教師道場

二〇〇五年度から「《授業力》向上に係る実施計画」が行われ、初任者研修（「君が代」や「都歌」

を歌う練習をさせられる！）が終わった教員に対して「二、三年次授業研究」も実施されるようになった。また、この年から生徒による「授業評価」も全校実施するようになった。都教委による評価項目と方法のモデルがあり、それによれば全教科同一項目をアンケートし、グラフ化して各教科で比較し競争しあうというようになっている。

二〇〇六年度から都教委は東京教師道場を設置した。小中高四〇〇人の教師を募り、年間を通じて教員の技術向上をはかる。「組」のもとに、八人の部員と二人の助言者で「班」をつくって二年間研修を続ける。修了者は「授業力リーダー」となり、のち主幹や管理職または授業力スペシャリストになる。

＊「奉仕」一単位（三五時間）の必修化

都立高校では教育委員会によって二〇〇三年から毎年一一月一日〜八日までのどこかの日を「ボランティアの日」として何らかの活動を行うことを推奨されているが、二〇〇七年度から東京都設定教科・科目「奉仕」が全都立高校で実施される。全日制では三年間の間に、合計三五時間「奉仕」について学習し、一単位として認定するのである。細かい実施要綱（都教委作成の指導要領）が定められ、都教委が作成したテキストを使い、奉仕事前学習・奉仕体験学習・奉仕事後学習を行う。奉仕体験学習は一八時間以上は行わなければならないとしている。いよいよこの四月から教育委員会が学校を通じて四万人もの高校生を動かす一大プロジェクトがはじまるのである。また、これも都教委版指導要領である「日本の伝統・文化」二単位もこの年から推進されていく。

以上のような教育内容にかかわる「改革」は高校生の意識を変えていくことは間違いない。

二　東京都教育委員会の「日の丸・君が代」強制と教育の自由を守るための教職員の裁判

（一）一〇・二三通達から創立記念式典での不起立と戒告処分へ

二〇〇三年一〇月二三日の都教委通達は、都立学校で働く一万数千人の教職員に衝撃をもたらした。「入学式、卒業式等における国旗掲揚及び国歌斉唱に関する実施指針」は合計一二項目の細部にわたるものである。▽国旗は、式典会場の舞台壇上正面に掲揚する。▽国歌斉唱に当たっては、式典の司会者が、「国歌斉唱」と発声し、起立を促す。▽教職員は、会場の指定された席で国旗に向かって起立し、国歌を斉唱する。▽国歌斉唱は、ピアノ伴奏等により行う。▽入学式、卒業式等における式典会場は、児童・生徒が正面を向いて着席するように設営する……。

通達はこの実施指針のとおり行うことを求め、「教職員が本通達に基づく校長の職務命令に従わない場合は、服務上の責任を問われることを、教職員に周知すること」としたのである。

すでに北九州市や広島県で行われていたことが、首都東京でより徹底して行われた。イタリアのメディアでも「先生、歌を歌わずに職を失う」と報道されたそうだ。私は一〇・二三通達の最初の実験台である周年行事で不起立をして、戒告処分を受けた。私は、通達の内容に衝撃を受けるとともに、一二月一六日に行われる東京都立杉並高等学校創立五〇周年・定時制四〇周年記念式典の実施内容について校長が都教委の担当者から徹底した指導を受けていることをも知って驚いた。ほとんどすべての教職員の名前を書いた座席表が作成され、事前に配られた。そして都教委から来賓の二名以外に、監視役の六名の指導主事の座席が教職員席のそばに決められている。こうした中で一一月に行われた他校の周年行事が「戒厳令」状態だったとの週刊誌の報道にも接した。私は憲法・教育基本法や子どもの権利条約に違反するこんな職務命令に百パーセントの教職員が従ってしまったら、都立高校はいったいどうなってしまうだろうか、という危機意識から不起立でいくしかない、と決意した。式典の数日前に定時制の教頭から職務命令書を受けとった。そして、一二月一六日、国歌斉唱時に着席して、のち戒告処分を受けることになった。

予防訴訟の原告になったのは、一一月頃だったと思う。憲法・教育基本法に違反する違法な通達に基づく職務命令には従う義務がないことを確認する、というもので、過去にほとんど例がない訴訟だということも聞いたが、座して死を待つよりも何かをしたほうがよいとの心境ですぐ原告になった（原告番号二二番）。周年行事で、合計一〇名が不起立等を行い、一月二二日に笹塚の教育庁分室で校長同伴で事情聴取を受けた。そして、二月にもはじめての処分が必至という段階で、一月三〇日に、二二七名の原告とともに、東京地裁に提訴することになった。そして二月一七日に都庁二九階の人事部で、戒告処分を受けた。この間の精神的苦痛は一生忘れることはできない。

（二）予防訴訟の提訴から第一回口頭弁論での意見陳述へ

三月二二日に予防訴訟の第一回口頭弁論において、はじめての被処分者として意見陳述をすることを求められ、音楽の女性教師と養護学校の男性教師とともに意見陳述をした。

【国歌斉唱義務不存在確認等請求訴訟・第一回口頭弁論での意見陳述】

（二〇〇四年三月二二日・東京地方裁判所七二二号法廷）

私は一九七〇年以来、都立高校で社会科の教員を三四年間やってきて現在都立杉並高等学校定時制に勤務している立川秀円と申します。二〇〇三年一〇月二三日以来私の身に降りかかってきたことは、まさに晴天の霹靂とでもいうべき出来事でした。

一二月一六日、中野ゼロホールで行われた都立杉並高等学校創立五〇周年・定時制四〇周年の記念式典において、私は国歌斉唱時に着席しました。長い間高校生たちに基本的人権、民主主義の思想や歴史などを教えながら、憲法や教育基本法に違反する職務命令に従うことはできない。もし今後都立高校において一〇〇パーセントの教職員が一斉に起立し、国歌を斉唱するという事態が確立するなら、都立高校で学ぶ数千・数万人の連綿たる生徒たちの思想・良心・表現の自由を守ることができないと考えたからです。

私は一〇・二三通達が伝達される前に、職員会議において記念式典の前に司会者が内心の自由について話すことが絶対に必要であることを、文例もつけて管理職に要請しました。しかし式の前に話すことは間違っていると都教委から校長が指導されていることがわかりました。教職員全員に職務命令書が出され、一部を除いて教職員全員の名前が入った座席表が決められました。教育委員会からは八名が派遣され、二名は壇上に、六名の指導主事は教職員の座席の後ろで監視できるようになっていました。全日制の教頭と定時制の教頭も、教職員全体を見ることができる座席になっていました。指導主事の三人は決められた席には座らず、二人は二階の生徒の席にもう一人は会場の外にいたということです。私が国歌斉唱時に着席した直後、K教頭はかなり大きな声で「立川先生、起立してください」と、叫びました。式典が終わったあと、すぐ舞台下の小部屋で、Y校長及びK教頭とともに着席したことの確認を求められ、私はそれを認めました。

二〇〇四年一月二二日に笹塚の人事部分室で事情聴取がありました。校長から出張命令書が出され、目的は「服務事故に関する事情聴取」と書かれていました。私は当日、職場の同僚と二人で建物に入ろうとしましたが、Y校長から制止されて同僚はやむなく建物の前で待つことになりました。私はK管理主事に、録音テープを取ること、メモを取ることを求めました。また、それができない場合部屋を出て相談することも求めました。が、「守秘義務がある」、事情聴取に応じない場合はそれでよい、と脅迫的なことも言われました。私はやむなく事実確認だけはしました。弁明の機会を与えるということに関しては思想・信条に関わることをこのように言わせること自体が憲法に違反すると思ったので、答えませんでした。ところで、最後にK管理主事が述べた言葉ははっきりと覚えています。「一回だけなら服務事故ですむけれど、上司の命令に違反する同じことを何回も繰り返すと、分限ということになる。分限とは、公務員としての資質に欠けるということだ」と。二月一七日に賃金や人事異動さらには再任用、再雇用などにも影響する心配がある戒告処分を受けました。

一〇月下旬から二月中旬までは暗い四ヶ月間でした。生徒たちの人格形成に関わる仕事をする教師としての誇りと尊厳を深く傷つけられました。妻と二人の娘には一切秘密にしていました。妻から、「クビになるようなことは絶対しないで」と言われていたこともあったからです。三月のはじめに打ち明けて、やっとこの苦しみから解放されました。（周年行事のあと、職場の同僚や卒業生は暖かく励ましてくれました。斉藤美恵子ＰＴＡ会長は、周年行事での教職員の苦痛について新聞に投書してくれました。これらは苦しみの中の清涼剤でした）東京で起こった今回の事態は、まさに歴史の歯車を一九四五年一〇月四日に出されたＧＨＱの人権指令以前の状態に逆行させるものだと思います。

未来の主権者を育てるための教育実践の発展のためには教育の自主性と自由、高校生の自由な発言と自主活動の保障は絶対に必要です。一〇・二三通達は、真理・真実を覆い隠し、白も黒も赤も青もある世界を白一色に描き出すような教育の始まりになる危惧があります。不起立の生徒が多くいる学校に対する調査なるものは、高校生が自ら考え討論し行動する自由をも抑えようとする教育委員会の姿勢を示しています。裁判官の皆様の厳正な審査をお願い致します。（　）内は時間の都合で陳述をカットした。

(三)　卒業式・入学式での「日の丸・君が代」の強制と教職員の大量処分

一〇・二三通達は完全実施された。そして、違反者にたいしては厳しい処分が下された。一週間後からはじまった周年行事からすぐに適用され、教職員の座席指定、職務命令、監視職員の派遣、不起立者の現認、校長の服務事故報告書、事情聴取、そして処分発令へと続いた。第一回口頭弁論の段階では、卒業式の処分はまだ出されていなかった。周年行事は約三〇校で行われ一〇名の被処分者が出たが、卒業式ではいったい何人ぐらい不起立者がでるか、気になった。一〇・二三通達と実施指針によって都立学校の卒業式・入学式・周年行事は一変した。多くの都立学校で開式前に行われていた「内心の自由」についての事前説明は禁止された。養護学校の多くや都立高校でも数校で行われていたフロアー形式・対面形式の卒業式はなくなった。周年行事の被処分者のうち八名は、予防訴訟弁護団の先生の援助で、三月二九日に東京都人事委員会に不服審査請求をし、記者会見もした。周年行事での処分はいわば見せしめで、その翌日三〇日の教育委員会で、卒業式の大量処分が決定された。結局、周年行事と二〇〇四年春の卒業式・入学式あわせて、なんと二四八名（嘱託の合格取り消しを含む）が戒告等の処分を受けた。

一回の不起立で戒告処分という全国にも例のない重い処分で、それだけにとどまらず、嘱託の合格取り消し、再発防止研修、校内研修、嘱託不採用へとさらに続いた。生徒の多くが起立しなかった場合にも教員の指導責任が問われ、厳重注意等の「処分」も行われた。このような都教委の横暴は、東京新聞、朝日新聞（多くの投書が掲載された）はじめ全国紙、サンデー毎日、週刊金曜日なども精力的に報道した。

以下は都立学校での卒業式激変のほんの一例である。

△今勤務している北養護学校では、マットに降りた教員に校長は、「君が代には子どもを抱えて正座しろ」と言ったそうです。正座をしては、呼吸困難の生徒を抱えることはできません。多摩養護学校では、「子どもを抱えて起立しろ」とまで言ったそうです。にぎやかな子ども達の声は制止され、あるいは退場となり、マットは後ろのスミに下げられました。

△今まで座席数の関係でほとんどの教職員が周りに立っていたことが、指定した席に座ることで、二年生が、卒業式から出されることになったのです。誰のための卒業式ですか、本末転倒です。

△桃の花のアーチを卒業生がくぐって入ってくると、自然と、「ワー、きれい、ワー、すてき、ワー」とお母さんたちからも生徒たちからも声が上がり、私たちも本当に幸せな気持ちで式場にいるのです。その花のアーチができなかったのはとても単純な理由で、正面向き二列に教員席を作ったために、アーチを飾る場所がなくなってしまったんです。

△「……君が代を歌うのはイヤだけれど、先生が罰をうけるのはもっとイヤだから、我慢して歌います……」これは、私の生徒の言葉です。私には、彼女に、答えるべき言葉がありませんでした。

△卒業式では、教育委員会の役人たちが監視する重苦しい雰囲気の中、「君が代」が流されました。「立

ちたくない」と言っていた生徒の中にも雰囲気に飲まれて立ってしまった生徒がいました。
△ともかく真っ正面を向くこと、という言葉を校長は繰り返すばかりでした。「体をみだりに動かしてもいけない。決められた座席に必ず着席し、国旗に正対せよ」……。後ろの方から、がさごそと、狭い座席の間をうるさい音を立てながら、教頭が近づいてきて、何かごそごそと言って、また、私より前の席にたっていない教員がいるらしく、その方へごそごそと動いていきました。
△「来賓祝辞」では、式に臨んでいる生徒の普段の姿・三年間の成長の様子を知ることもない、ただ指示通りの式が行われているかどうかを確認するためだけに差し向けられたとしか思えない指導主事からの心が籠っているとは到底思えない空疎で形式的なことばを聞くことになりました。

（『「不服従」―それぞれの思い・都人事委員会審理陳述集』より）

ここでこれまでの三年間の処分の実態をまとめてみる。広島では不起立一回目は文書訓告だが、一回目・戒告、二回目・減給一〇分の一・一月、三回目・減給一〇分の一・六月、四回目・停職一月、五回目・停職三月と累積して重くなっていく。退職後六五歳まで働ける嘱託等は、職務命令違反によるとしてこれまで二五名全員が合格取り消しや不採用（筆者）となっている。三年間の被処分者は、総計三五〇名（嘱託取り消し五名を含む）になり、その他に、研修未受講で減給一月一名、減給六月一名、研修時のゼッケン着用による戒告一〇名を加えると三六二名になる。

さらに、生徒の多くが起立しなかった場合や内心の自由を説明したことなどを「不適切な指導」として、「厳重注意」「注意」「指導」の事実上の処分を受けた教員は七九名となっている。

校長の職務命令には、二〇〇四年一〇月の周年行事以来「学習指導要領に基づき、適正に指導すること」が付け加わった。さらに二〇〇六年三月には、ある定時制高校で卒業生のほとんどが起立しなかったことをきっかけにして三月一三日付けで「校長は自らの権限と責任において、学習指導要領に基づき適正に児童・生徒を指導することを教職員に徹底するよう通達する」という通達が中村教育長名でだされた。そして、中村教育長は都議会で「適正に指導する」とは「国歌を歌えるように指導すること」であると答えている。そしてある定時制高校生への管理職からの直接の起立斉唱指導のなどの事例も起こっている。

(四) 予防訴訟のたたかいと被処分者の東京都人事委員会審理でのたたかい

二〇〇四年一月に提訴された予防訴訟は、二〇〇六年三月の第十四回口頭弁論をもって結審を迎えた。私は予防訴訟口頭弁論の九割ほどを傍聴し、傍聴できなかったところは文書で読んだりしたが、クリスチャンの教員も含む二十数名の現場の教員の意見陳述や証言で、都立学校での豊かな教育実践が浮き彫りになった。フロアー形式等の児童・生徒を主人公にした卒業式の様々な工夫、教科での取り組み、生徒会活動、ホームルーム活動、在日の生徒・中国帰国引き上げの生徒との取り組みなど、原告たちは、様々な場面での自らの教育実践に照らして校長の職務命令に従えなかった思いや「教育」とは言えない通達や命令の異常さを訴えた。いずれの証言も、生徒たちが都立学校の自由な雰囲気の中で、自主的に自ら考え行動することの大切さを大事にしてきたことを物語っていた。弁護士さんたちは、「原告ら教職員の教育に対する真摯な姿勢」を勝利の大きい要因とのべている。また、学者証人として大田尭さんと堀尾輝久さんは、自由な空間が教育の本質から必然的に必要とされる（教育はアート＝芸術であったこと）や近代教育の民主主義的原則などをとき起こし、感動的な証言をされた。

予防訴訟は、立たざるを得ない人たちも含めてたたかえる「したたかでしなやかな」裁判だが、もし、最初の卒業式での不起立者が少数だったら、その後のたたかいはより困難だったと思う。二〇〇四年の春は二四八名の被処分者（嘱託取り消しを含む）が出た。教職員組合が十分な取り組みができないなかで、被処分者は被処分者の会（当時約二百名）をつくり、組織的にたたかう体制を確立した。そして、予防訴訟と同じ弁護団のもとで、人事委員会への不服審査請求（四月以後）、解雇撤回裁判（六月提訴）、再発防止研修取消裁判（七月、研修命令の取り消しは認められなかったが、研修のやり方によっては、違憲・違法の問題を生じる可能性がある、と警告した）嘱託不採用撤回裁判（二〇〇五年八月提訴）に立ち上がった。被処分者の会の人事委員会審理は二〇〇五年五月にはじまり、請求人の意見陳述、校長五二人、教頭一名、指導主事一名の尋問を行い、校長への人事権をも利用した都教委の教育現場への強権的介入の事実を明らかにしていった。そして小中学校の被処分者など組織の違いを乗り越えて合計七団体で共同して近藤指導部長、臼井人事部長、賀沢高校教育指導課長（都立高校の二団体共同）の尋問を実現した。解雇撤回裁判では横山教育長も尋問された。予防訴訟でも元校長の勇気ある貴重な証言があったが、これらの証言、証拠はすべて予防訴訟にも提出された。

人事委員会の口頭公開審理は、提訴から一年二ヶ月たった二〇〇五年五月に周年行事グループからはじまり、卒業式・入学式は一二グループに分けられて九月になってやっとはじまった。以下は人事委員会での私の五月二三日の意見陳述である。先の予防訴訟での陳述と内容が重複するところがあるが、全文掲載する。

【東京都人事委員会・周年行事グループ・第一回公開口頭審理での意見陳述】(二〇〇五年五月二三日)

都庁三九階・人事委員会審理室

高校生の自由な意見表明を抑圧する都教委は、世界の流れに逆行している。

私は都立杉並高等学校定時制課程に勤務する立川秀円と言います。退職まであと数年というときに一〇・二三通達が出され、二〇〇三年一二月一六日に行われた都立杉並高等学校創立五〇周年・定時制四〇周年記念行事にもすぐ適用・実施されるという事態に巻き込まれました。

《一》創立記念行事の実行委員会は二年半以上も前から検討をはじめていましたが、周年行事はできるだけ儀式的なものは簡単にして文化的な学校行事・芸術鑑賞会をメインとしてやっていこう、という流れで進んでいきました。そして、四〇周年記念式典のときの資料が参考にされました。「国歌斉唱」はもちろんなくて、壇上中央の演壇に花を飾ってその横に校旗を三脚に立てる、数名の来賓が左右に分かれて座るというものでした。

ところが一学期の段階からY校長は教育行政の担当者から「儀式的行事」だということで強い指導を受け

てきました。そのもとになったのは六月一〇日付けで指導部高等学校教育指導課名で出された文書でした。そこでは指導部の考えとして、「周年行事は卒業式・入学式などと同じ儀式的行事であるので、国旗・国歌の取り扱いについても、卒業式・入学式と同様の扱いをする」と書かれていました。こうして、式次第に「国歌斉唱」が入りました。壇上の配置は、この文書では、舞台の正面中央にある国旗を背にして演壇の向かって左側には主催者側、右側には来賓が並び、左右で合計二〇名の枠が例示されていました。中央演壇の前列すぐ左は都教委代表、すぐ右側は都議会議員となっています。結局、都旗がさらに加わって、このとおりになってしまいました。都教委代表として舞台中央の左側に近藤精一指導部長と賀澤恵二高等学校指導課長が並びました。右側は当日欠席ではありましたが、二名の都議会議員の席になっていました。こうして生徒の立場にたって文化的な学校行事にしたいという教職員の意思に反して、芸術鑑賞の前に国歌斉唱を含む「厳粛な記念式典」が一〇時から行われました。これは、日の丸と二〇名のお偉い方々が主人公の記念式典といってよいかもしれません。こうした経過のなかで一〇・二三通達が出され、受付など一部の教職員を除いて座席を決め、座席表を事前に提出しなければならない、ということになりました。こうしていくつかのジャーナリズムでも「戒厳令」状態と書かれた当日を迎えたわけです。これらの経過は、職員会議を中心とする学校の自治にたいする反教育的・反民主的な介入に他なりません。

なお、このような記念式典の中でも定時制の生徒会副会長のO君は挨拶の末尾で次のように述べて、大きな拍手が巻き起こりました。「少子化の波に流されて学校をなくすのではなく、むしろ少人数だからこそ救われる私たちのような生徒のためにも残して欲しかったと、残念に思っております。とはいえ、本校卒業生の心の中から夜間高校のともしびが決して消えることはないでしょう……」

《二》次に、私の不起立をめぐって起こった経過をお話いたします。一〇月二三日、くしくもY校長が都教委から一〇・二三通達についての説明を受けていて欠席していた定時制の職員会議で、私は、もし記念式典のなかで国歌斉唱が入ることが避けられないのであれば、式典の前に次のようなことをだれかが言ってほしい、とプリントを配布して発言しました。「式次第の中に《国歌斉唱》があります。これは政府の国会答弁にもありましたように、生徒諸君や参列の皆様の《思想・信条や良心の自由》を侵すような強制的なものであってはなりません。したがいまして、立って歌われる方、座ったままの方、その他、皆様のご判断におまかせします。（中略）自由と自主性を重んじてきた都立杉並高校の過去五〇年の教育の伝統にも沿うものであると考えます……」。このことが校長に伝わったと思いますが、一週間後の職員会議で、Y校長は《事前に内心の自由について言ってはいけない、と言われているしそれはできない》と言いました。

私はこんなことは絶対許してはならない、と不起立の決意をしました。司会者が「国歌斉唱、前奏に引き続きご唱和ください」と言ったとき、着席しました。その直後、私の後ろの列で一番右はじにいたK教頭は「立川先生、起立してください！」とかなり大きな声で叫びました。私は座ったままでいました。一〇時三〇分頃、式典が終わったら、K教頭はすぐ、私にこちらに来てほしいと言って舞台の左下の方へ誘導し、入り口から中へ入りました。数分たってY校長と指導主事がやってきて不起立の確認をしようとしました。私は指導主事は関係ないので外してほしい、とY校長に依頼したら、わかったと言って指導主事は小部屋に入らないように促し、Y校長、K教頭、私が依頼して来てくれたU分会長との四人で、いわゆる「現認」が行われました。

私は座ったことを認めました。人事委員会から提出された資料で、Y校長が一二月二四日付けで服務事故についての報告書を提出したことがわかりました。事実経過の説明の最後に校長の所見を書く欄があり、「……ついては、同教諭に対し、東京都教育委員会の厳正な処分または措置をお願いするしだいである」と書かれています。おそらくこれはセクハラや交通事故などの服務事故の際の報告書のマニュアルにしたがったものであろうと思います。この周年行事には来賓として壇上の先の二名の他に何と六名もの指導主事が派遣され、教職員席のすぐ後ろの列に席が決められました。教職員席の最前列左はじに全日制のS教頭、最後列の右はじには定時制のK教頭が座りました。これらはまさに私たちが国歌斉唱時に起立したかどうかを監視するためにに他なりません。ところが、H主任指導主事・O指導主事・S指導主事の三人は記念式典の間指定された座席にいませんでした。後で、二人は二階の生徒席の方に、一人はホールの外にいたことが確認されています。これは戦前の特高警察を想像させるものではないでしょうか。ところで私たち教職員席はホールの左の方の前方でしたが、私が着席したとき一階中央付近でざわざわとして、着席した生徒もかなりいました。

一月二三日、笹塚の人事部分室でY校長とともに事情聴取がありました。私は録音テープを持参して、録音すること、それができなければメモをとることを求めました。K管理主事は一切、認めませんでした。私は電話で相談しようと部屋を出ようとしましたが、「あなた自身で判断してください」と強く言われ、拒否したらさらに大変なことになるかもしれない、と考えてやむなく事情聴取に応じました。型どおりに事実経過の確認が行われました。弁明の機会を与えるということでしたが、こういう思想・信条にかかわることを言わせること自体が憲法に違反していると思ったので一切弁明はせず、押印も拒否しました。私に代わって

Y校長が署名、押印をしましたが、そのあとにK管理主事が言ったことはよく覚えています。「職務命令違反を何回も行うと分限ということに変わってきます。公務員としての資質能力を欠くという問題になってきます」。これは、記録に残らない言わば脅しでなくてなんでしょうか。二月一七日、都庁で戒告処分の文書を受け取りました。斉藤美恵子PTA会長は、周年行事で国歌斉唱を強制されたり、ピアノ伴奏を命じられた私たち教職員の苦しみについて新聞に投書してくれました。

私は処分された時は五七歳で三月に五八歳になり昇給停止になって、三ヶ月延伸の影響はなかったのですが、六月のボーナスは勤勉手当の一割カットを受けました。しかし、より重大な問題は来年退職になりますので四月以降の再任用・再雇用がどうなるか、ということです。一回の不起立で六五歳まで働く権利を奪うことは絶対許せる行政行為ではありません。以上の経過は日本国憲法・教育基本法の民主主義体制のもとでは絶対に起こってはいけないことです。一九四五年一〇月四日にGHQが出した人権指令以前の状態＝治安維持法が生きていた状態にもどるということでしょうか。

《三》私はこれまでの教員生活でとりわけ公民科の授業で、世の中にはいろいろな矛盾があり、様々な考え方があるのだ、ということを教えてきました。歴史の基本的な事実を教えるとともに、四、五人のグループで班討論をやったり、たとえば「外国人労働者の受け入れ、是か非か」など対立する論題を設けてのディベート、自分の主張も自由に書かせる「現代社会新聞」作り、また二分間スピーチで自由にしゃべらせたりもしてきました。そのなかで、多くの生徒たちが自分とは違う考え方があることを知ってよかったと言ってくれました。都立高校には自由があり、自主性尊重の伝統があるのも大もとは日本国憲法や教育基本法があるからだよ、ということも伝えてきました。

一九九九年八月の国旗・国歌法施行後、文部大臣などの国会答弁にもかかわらず、これをチャンスと都教委は国歌斉唱を校長をつうじて強引におしつけてきました。そして二〇〇〇年三月、当事私は都立石神井高等学校の三年担任で、卒業対策委員会を担当していました。石神井高等学校の卒業式は自由な楽しい行事でした。チャイナドレスやサリーを着てくる生徒がいたり、とくにお世話になった担任の先生を胴上げしたりすることもありました。みんなで「星になれたら」と「贈る言葉」を歌い、退場のときにはのちに大ヒットした「TSUNAMI」が流れました。卒業対策委員のほとんどは国歌斉唱はいらないという意見でした。しかし、都教委の強力な「指導」によってCDによる「国歌演奏」が入り、管理職と一部PTA役員だけが立って歌いました。卒業生には前日の予行のときに、学年主任が内心の自由について説明し、《立って歌っても、座ったままでいてもお互いに認めあおうよ》と説明しました。その後の杉並高等学校定時制の卒業式においても国歌斉唱は強制するものではありません、と話してきました。

ところが一〇・二三通達は、学習指導要領の一文を唯一の根拠にこの都立高校の伝統にまったく反する画一的なものを押し付けました。都側の準備書面を読むと、結局《教職員は一〇〇パーセント起立して国歌を斉唱し、生徒も教職員に習って一〇〇パーセント起立して国歌を斉唱しなさい。それができない教職員は重い処分を受け、生徒もきちんとできるまで指導の対象となる》ということです。日の丸・君が代の意味については、〝戦前の暗い時代のことは考えなくてよい、教師の指導におとなしく従えばよいのだ〟という教育をすることに他なりません。これは結局、社会の矛盾を考えない、国家に忠実で愚直な若者をつくっていくことにならざるを得ません。たとえば、国旗・国歌をめぐる問題について朝日新聞と読売新聞を比較して考えたり、討論したりするという授業やホームルームは間違っているというのでしょうか。

杉並高校全日制の生徒会は一二月一二日に討論会を行いました。私は都合で参加できませんでしたが、全定十数名の教員とY校長、S教頭、生徒も多く参加して自由・活発な討論が行われました。そして、周年行事にあたって生徒会としては、「歌うのも自由、歌わないのも自由です」という立場で、廊下にもはっきり掲示をしました。ところが三月一一日にホームルームや卒業式の予行などにおける「不適切な指導……」の通知が出され、一六日の都議会における土屋敬之議員の質問と横山洋吉教育長の答弁がもとになって、校長・教頭・生徒会顧問の三人が「厳重注意」という指導を受けるという事態になりました。討論会に参加した十数名の教員が「不適切な発言や指導をしなかったか」ということで事情聴取を受けた結果なのです。言論の自由、表現の自由をも踏みにじるものです。

《四》私たち周年行事にぶつかったものへの処分は、卒業式へのみせしめだったのではなかったでしょうか。周年行事での一〇名への処分は、その後、卒業式・入学式での大量処分、再発防止研修、校内研修、被処分者への不当な強制異動、今年の卒業式へのビラまきにたいする数十校への警察の出動などの事態へと広がっていきました。一〇・二三通達は民主主義国家にあるまじき事態を引き起こしたおもとになっています。

東京都の教育行政は「平和と平等」をうたった憲法と教育基本法を踏みにじり、「競争と差別」の教育へと都立高校を変質させていくものです。二一世紀後半まで生きる高校生たちには、子どもの権利条約を生かした先進国ドイツやフランスなどで行われている学校運営への参加こそ求められるものです。学校に命令や強制はいりません。私は一〇・二三通達の作成に責任をもつ横山洋吉教育長をはじめとする教育委員会と教育庁幹部、土屋敬之都議会議員などを証人として尋問することを求めます。日本教育史上前例のない、また世界においても類例のないこの事件の徹底的な解明と違法、不当な戒告処分の取り消しを求めます。審査官の皆様の厳正な審理をお願いいいたします。

二〇〇四年提訴の人事委員会審理は二〇〇六年一〇月に打ちきられた。これを受けて、一七一名の被処分者は、本年二月九日に処分取り消しと損害賠償を求める訴訟を東京地裁に起こすことが決まっている。

(五)　一〇・二三通達は憲法・教育基本法に違反する——予防訴訟・難波判決を読む

＊予防訴訟はどんな裁判か

予防訴訟—国歌斉唱義務不存在確認等請求訴訟とは、一〇・二三通達の違憲・違法性を正面から問う訴訟である。提訴は二〇〇四年一月三〇日で、原告は二二八名だった。原告はその後増えて、二〇〇五年四月の第四次提訴までで合計四〇一名になり、すべて併合されて審理された。訴訟代理人弁護士は五四名（尾山宏団長、加藤文也事務局長）で、多くの若手弁護士が大活躍している。都立立川高校出身者や父親が都立高校教師の若い女性弁護士もいる。東京地裁民事三六部(難波裁判長）扱いとなった。この訴訟は以下のことを請求している。

1　国旗に向かって起立し国歌を斉唱することやピアノ伴奏の義務が存在しないことの確認。
2　不起立やピアノ伴奏の拒否等をしたことによっていかなる処分もしないこと。
3　一〇・二三通達によって損害を受けたことにたいして一人三万円支払うこと。

処分される前の提訴である。起立する人も、起立しない人も一緒にたたかうことができる訴訟で、「日の丸・君が代」強制に反対するたたかいの一番土台となっている。一〇・二三通達の違憲・違法性を問うとともに、石原都政下の教育政策の違法性をも問う裁判となったのである。

＊歴史的な難波判決の感動と涙

二〇〇六年九月二一日、東京地裁一〇三号法廷、午後一時三〇分過ぎ。難波孝一裁判長「……上記原告らが勤務する学校の入学式、卒業式等の式典会場において、会場の指定された席で国旗に向かって起立し、国歌を斉唱する義務のないことを確認する」。どよめき。「……国歌を斉唱しないことを理由として、いかなる処分もしてはならない」。よし！　とつぶやき声。……「各三万円……による金員を支払え」。拍手が巻き起こる。弁護士さんが制止する。約二五分間にわたる判決要旨朗読後、難波裁判長が後ろを向いて退廷しつつあるときに大きな拍手と歓声が巻き起こった。私は原告席で弁護士さんの後ろにいたので、澤藤弁護士と固く握手をした。弁護士・原告・支援者ら何人もの人が泣いていた。私も涙ぐんでしまった。地裁の門前でも歓喜のどよめきが広がっていた（傍聴希望者は二五六名とのこと)。二〇〇四年一月三〇日に提訴してから、二年八ヶ月、ついに報われた。

予防訴訟の東京地裁・難波判決は、訴訟当事者はもちろん同様の悩みや問題をかかえている全国の教職員や市民を励ました。予防訴訟は当初、「無謀訴訟」とも言われていたが、今や「希望訴訟」だと私たちの中で言われるようになった。「日の丸・君が代」強制による処分にかかわるこれまでの判例では、かろうじて教育基本法第一〇条に照らして一部の違法性が認められただけで、「思想・良心の自由」にかかわる原告の主張はまったく認められていなかった。ところが難波裁判長は、私たちの主張をほぼ全面的に認めたのである「杉本判決以来の三六年ぶりの画期的判決」とも言われた。

九月二二日、難波判決は日本のほとんどすべての新聞が一面トップで報じた。嘱託不採用者を中心に全国の地方新聞も含めた社説集をつくったが、判決支持の社説は二三紙、判決非難の社説は読売・産経・北国の三社(論説・記事も含めると五社)のみであった。しかし、石原都知事は、「(裁判官は)都立高校の実態を見ているのかね。現場に行ってみたほうがいい。乱れに乱れている。……子供たちの規律を取り戻すために、ある種の統一行動は必要。その一つが式典における国歌、国旗に対する敬意だ」と語った(毎日新聞)。都教委幹部はこのような結果になることを一パーセントも予想していなかったとのべたそうだが、すぐに校長連絡会を招集し、控訴するから従来と変わらないと校長たちを引き締めた。

＊難波判決を読む

○予防訴訟の争点

〈本件の争点一〉原告らの訴えのうち公的義務の不存在確認請求及び予防的不作為請求には、事前に救済を認めないことを著しく不相当とする特段の事情がなく、不適法か。

〈本件の争点二〉在職中の原告らは、都立学校の入学式、卒業式等の式典において、国旗に向かって起立して国歌を斉唱する義務を、また、音楽科担当教員である原告らは、国歌斉唱時にピアノ伴奏をする義務をそれぞれ負うか。本件通達及びこれに基づき学校長が原告らに対し発した職務命令は違法か。

〈本件の争点三〉原告らは、本件通達及びこれに基づく学校長の職務命令により精神的損害を被ったか。

○判決のポイントをのべ、そのあとに判決要旨の抜粋をゴシックで掲載するので読んでほしい。

〈争点に対する判断〉

（一）処分される前に起こした「予防」訴訟であったが、校長の職務命令が違法であった場合に侵害を受けるのは精神的自由権であり、事後的救済には馴染みにくいとして、事前の救済を認めた。

［在職中の原告らが、本件通達に基づく校長の職務命令に違反する毎に懲戒処分等の不利益処分を受けることは確実であり、その処分は戒告、減給、停職と回数を重ねる毎に重い処分となっている。そうだとすると、在職中の原告らが、現在の状況で上記職務命令を拒否し続けた場合、懲戒免職処分となる可能性も否定することができず、これらの処分

により原告らが受ける不利益は看過し難いものがあるといえる。これら在職中の原告らが侵害を受ける権利の性質及びその侵害の程度、違反に対する制裁としての不利益処分の確実性、不利益処分の内容及び性質に照らすと、在職中の原告らが本件通達に基づく校長の職務命令に反したとして行われるであろう懲戒処分の取消訴訟等の中で、事後的に、……を争ったのでは、回復し難い重大な損害を被るおそれがあると認めることができ、事前の救済を認めないことを著しく不相当とする特段の事情及び「重大な損害を生ずるおそれ」が認められる。

（二）「日の丸・君が代」の義務付けは、憲法一九条違反であると明確に判断した。日の丸・君が代が明治時代以降、皇国思想や軍国主義思想の精神的支柱となったことを否定し難い歴史的事実として認め、現在においても価値中立的なものと認められるまでには至っていないとした。そして、憲法は国歌斉唱等を拒否する自由を保障しているとした。

［我が国において、日の丸、君が代は、明治時代以降、第二次世界大戦終了までの間、皇国思想や軍国主義思想の精神的支柱として用いられてきたことがあることは否定し難い歴史的事実であり、国旗・国歌法により、日の丸、君が代が国旗、国歌と規定された現在においても、なお国民の間で宗教的、政治的にみて日の丸、君が代が価値中立的なものと認められるまでには至っていない状況にあることが認められる。このため、国民の間には、公立学校の入学式、卒業式において、国旗掲揚、国歌斉唱をすることに反対する者も少なからずおり、このような世界観、主義、主張を持つ者の思想・良心の自由も、他者の権利を侵害するなど公共の福祉に反しない限り、憲法上、保護に値する権利というべきである。したがって、教職員に対し、一律に、入学式、卒業式等の式典において国歌斉唱の際に国旗に向かって起立し、国歌を斉唱すること、ピアノ伴奏をすることとの義務を課すことは、思想・良心の自由に対する制約にな

るものと解するのが相当である」

(三)　都教委は外部的行為と内心とを切り離して職務命令の正当性を主張したが、人の内心の精神的活動は外部的行為と密接な関係をもっとして、自由権の侵害という原告の主張を認めた。

「人の内心領域の精神的活動は外部的行為と密接な関係を有するものであり、これを切り離して考えることは困難かつ不自然であり、入学式、卒業式等の式典において、国旗に向かって起立したくない、国歌を斉唱したくない、或いは国歌を伴奏したくないという思想、良心を持つ教職員にこれらの行為を命じることは、これらの思想、良心を有する者の自由権を侵害しているというべきであり、上記被告らの主張は採用することができない」

次に、難波判決は、東京都教育委員会が思想・良心の自由が制約される根拠と主張する、学習指導要領、一〇・二三通達、校長の職務命令のそれぞれについて「公共の福祉」による制約の根拠になるかどうかを厳密に検討している。その場合、教育基本法第一〇条についての合法・違法性を一九七六年の旭川学力テスト最高裁大法廷判決の解釈論理を適用している。

(四)　学習指導要領は大綱的な基準として―教育の自主性尊重、教育の機会均等の確保と全国的な一定水準の維持、教職員に対し一方的な一定の理論や理念を生徒に教え込むことを強制しないという解釈のもとにのみ有効で、この解釈を超えて、教職員が国旗に向かって起立し、国歌を斉唱する等の義務まで導き出すことはできない、とした。

「学習指導要領の国旗・国歌条項に基づく義務について、

ア　学習指導要領は、原則として法規としての性質を有するものと解するのが相当である。もっとも、国の教育行政機関が、法律の授権に基づいて普通教育の内容及び方法について遵守すべき基準を設定する場合には、教育の自主性尊重の見地のほか、教育に関する地方自治の原則をも考慮すると、教育における機会均等の確保と全国的な一定の水準の維持という目的のために必要かつ合理的と認められる大綱的な基準に止めるべきものと解するのが相当である。そうだとすると、学習指導要領の個別の条項が、上記大綱的基準を逸脱し、内容的にも教職員に対し一方的な一定の理論や観念を生徒に教え込むことを強制するようなものである場合には、教育基本法一〇条一項所定の不当な支配に該当するものとして、法規としての性質を否定するのが相当である。

イ　これを学習指導要領の国旗・国歌条項についてみてみると、同条項は、「入学式や卒業式などにおいては、その意義を踏まえ、国旗を掲揚するとともに、国歌を斉唱するよう指導するものとする」と規定するのみであって、それ以上にどのような教育をするかについてまでは定めてはいない。また、学習指導要領の国旗・国歌条項は、国旗掲揚・国歌斉唱の具体的方法等について指示するものではなく、国旗掲揚・国歌斉唱を実施する行事の選択、国旗掲揚、国歌斉唱の実施方法等については、各学校の判断に委ねており、その内容が一義的なものになっているということはできない。

ウ　そうだとすると、学習指導要領の国旗・国歌条項は、学習指導要領全般の法的効力に関する基準に照らしても、法的効力を有すると解するのが相当である。もっとも、学習指導要領の国旗・国歌条項の法的効力は、その内容が教育の自主性尊重、教育における機会均等の確保と全国的な一定水準の維持という目的のために必要かつ合理的と認められる大綱的な基準を定めるものであり、かつ、教職員に対し一方的な一定の理論や観念を生徒に教え込むことを強制しないとの解釈の下で認められるものである。したがって、学習指導要領の国旗・国歌条項が、このような解釈を超えて、教職員に対し、入学式、卒業式等の国歌斉唱の際に国旗に向かって起立し、国歌を斉唱する義務、ピアノ伴奏をする義務を負わせているものであると解することは困難である。

(五) 一〇・二三通達の内容や通達に基づく都教委の一連の指導は、各学校の裁量を認める余地はほとんどなく、国旗・国歌法の立法趣旨にも反している。「教育基本法一〇条に反し、憲法一九条の思想・良心の自由に対し、公共の福祉の観点から許容された範囲を超えている」とした。

[本件通達に基づく義務について]

イ これを本件通達についてみてみると、同通達の内容は、国旗掲揚、国歌斉唱の具体的方法等について詳細に指示するものであり、国旗掲揚、国歌斉唱の実施方法等については、各学校の裁量を認める余地はほとんどないほどの一義的な内容になっている。また、①被告都教委は本件通達発令と同時に都立学校の各校長らに対し「適格性に課題のある教育管理職の取扱いに関する要綱」を発表したこと、②被告都教委は、本件通達発令後、都立学校の各校長に対し、入学式、卒業式等の国歌斉唱の実施方法、教職員に対する職務命令の発令方法、教職員の不起立等の現認方法及び被告都教委への報告方法等について詳細な指示を行ったこと、③都立学校の各校長は、被告都教委の指示に従って、教職員に対し、入学式、卒業式等の式典において、国歌斉唱の際に起立して国歌を斉唱すること、ピアノ伴奏をするよう職務命令を発したこと、④都立学校の各校長は、教職員が上記職務命令に違反した場合、これを服務事故として被告都教委に報告したこと、⑤被告都教委は、上記職務命令に違反した教職員に対し、一回目は戒告、二回目及び三回目は減給、四回目は停職との基準で懲戒処分を行うとともに、再発防止研修を受講させたこと、⑥被告都教委は、定年退職後に再雇用を希望する教職員について、入学式、卒業式等の式典において国歌斉唱時に起立して国歌を斉唱しないなどの職務命令違反があった場合、再雇用を拒否したことが認められる。前記各認定事実に照らすと、本件通達及びこれに関する被告都教委の一連の指導等は、入学式、卒業式等の式典における国旗掲揚、国歌斉唱の実施方法等、教職員に対する職務命令の発令等について、都立学校の各校長の裁量を許さず、これを強制するものと評価することができるうえ、原告ら教職員に対しても、都立学校の各校長の職務命令を介して、入学式、卒業式等の式典において国歌斉唱時に起立して国歌を斉唱すること、ピアノ伴奏をすることを強制していたものと評価することができる。そうだとすると、本件通達及びこれに関する被告都教委の都立学校の各校長に対する一連の指導等は、教育の自主性を侵害するうえ、教職員に対し一方的な一定の理論や観念を生徒に教え込むことを強制することに等しく、教育における機会均等の確保と一定の水準の維持という目的のために必要かつ合理的と認められる大綱的な基準を逸脱しているとの誇りを免れない。したがって、本件通達及びこれに関する被告都教委の都立学校の各校長に対する一連の指導等は、教育基本法一〇条一項所定の不当な支配に該当するものとして違法と解するのが相当であ（る）。

ウ　以上のとおり、本件通達及びこれに関する被告都教委の一連の指導等は、教育基本法一〇条に反し、憲法一九条の思想・良心の自由に対し、公共の福祉の観点から許容された制約の範囲を超えているというべきであって、これにより、原告ら教職員が、都立学校の入学式、卒業式等の式典において、国歌斉唱の際に、国旗に向かって起立し、国歌を斉唱する義務、ピアノ伴奏をする義務を負うものと解することはできない」

（六）　教職員が国歌斉唱等を拒否した場合に不快感を与えることがあっても、他者の権利に対する侵害とはならない。校長の職務命令は、憲法が認める基本的人権の必要かつ最小限度の制約を超えるものであり、重大な瑕疵があるので従う義務もない、とした。

[校長の職務命令に基づく義務について

ウ　したがって、都立学校の各校長が、本件通達に基づき、原告ら教職員に対し、入学式、卒業式等の式典において国歌斉唱の際に国旗に向かって起立し、国歌を斉唱せよとの職務命令を発することには、重大かつ明白な瑕疵《かし》があるというべきである。そうだとすると、原告ら教職員は、本件通達に基づく各校長の職務命令に基づき、入学式、卒業式等の式典において国歌斉唱の際に国旗に向かって起立し、国歌を斉唱する義務、ピアノ伴奏をする義務を負うものと解することはできない]

毎日新聞
9月22日 金曜日
国旗・国歌 強制は違憲
東京地裁判決
思想の自由侵害
教職員ら全面勝訴 都に賠償命令

国旗国歌

朝日新聞
日の丸・君が代 強要違憲
東京地裁判決「思想の自由侵害」
教員へ慰謝料、都に命令
教育基本法論議 影響も

第二部　民主主義の思想と多様な見方を学ぶ社会科（公民科）の授業

第一章　民主主義の思想を学ぶ
――歴史の中で思想をとらえる倫理の授業

一　福沢諭吉からはじまる近現代中心の「思想」学習

「倫理」の授業で思想を扱う場合に、私にとって忘れることができないのは、一九七〇年代に古在由重さんが言われた「近現代の日本から世界の思想を見る、遠近法で思想を扱ったらどうだろうか」という問題提起である。保谷高校から石神井高校に転勤して一二年ぶりで倫理を教えることになったのを機会に、福沢諭吉からはじまる思想学習をやってみた。福沢諭吉は一万円札の肖像となって毎日日本国民が目にしている。生徒もきっと、どんな人物だろうかと興味をもつのではないか。また、石神井高校では日本史は全員必修ではない。そこで、明治以後の日本の思想家をまずとりあげ、次にそれらの思想の背景として西洋の思想家を学ぶ、という流れでやってみようと思った。日本近現代の大きな歴史の流れのなかで典型的な思想家を紹介しながら、その主要な内容や思想の対立を教養として

《年表》福沢諭吉、中江兆民、内村鑑三の生涯

1834 年	福沢諭吉、大坂の蔵屋敷で中津藩士（大分県）の次男として誕生。
1847 年	《福沢》白石照山の塾で漢学を学ぶ。中江兆民、土佐藩の足軽の子として誕生。
1854 年	《福沢》長崎へ行く。砲術家の書生となり、蘭学を学ぶ。
1855 年	《福沢》長崎を去り、大坂の医師・緒方洪庵の適塾に入る
1858 年	《福沢》藩命により江戸に出て築地の中津藩中屋敷に蘭学塾を開く。
1859 年	《福沢》横浜へ行く。
1860 年	《福沢》幕府の使節の従僕として咸臨丸でアメリカへ。
1861 年	内村鑑三、高崎藩士の子として江戸で誕生。
1862 年	《中江》藩校の文武館に入学し、漢学、英学、蘭学を学ぶ。
1865 年	《中江》藩の留学生として長崎へ行き、フランス学を学ぶ。
1866 年	《福沢》『西洋事情』を出版し大評判。《中江》江戸の塾でフランス学を学ぶ。
1868（M 元）年	**戊辰戦争**《福沢》塾を「慶応義塾」とする。幕府を退官。
1872（M 5）年	《福沢》『学問のすすめ』を出版、ベストセラーになる。
1874（M 7）年	《中江》フランスから帰国し仏学塾を開く。日本軍台湾侵略。民選議院設立の建白提出。
1875（M 8）年	《中江》元老院の書記官となる。東京外国語学校（今の東大）校長となる。
1877（M 10）年	《内村》札幌農学校に入学。「イエスを信ずる者の誓約」に署名。洗礼。
1881（M 14）年	《中江》「東洋自由新聞」を創刊。《内村》農学校卒業。北海道開拓使御用掛。
1882（M 15）年	《福沢》「時事新報」を創刊。《中江》ルソーの「民約訳解」連載。
同年	《内村》友人らと札幌独立教会を設立。上京する。
1884（M 17）年	《内村》浅田タケと結婚。七ヶ月で離婚。私費でアメリカへ行く。
1889（M 22）年	**大日本帝国憲法**、公布。
1890（M 23）年	《中江》衆議院議員に当選。立憲自由党結成に参加する。**教育勅語発布**。
1891（M 24）年	《中江》「立憲自由新聞」主筆。議員辞職。《内村》教育勅語不敬事件。論争。
1894（M 27）年	**日清戦争**起こる。《福沢》軍事寄付運動。《内村》義戦として支持する。
1897（M 30）年	《中江》「万朝報」の記者となり、社会評論を発表する。
1901（M 34）年	福沢諭吉、中江兆民、死去。《内村》「無教会主義」を創刊。
1903（M 36）年	《内村》日露非開戦論、戦争絶対反対論を発表。
1904（M 37）年	**日露戦争**起こる。
1930（S 5）年	《内村》心臓病で死去。

学んでいこう、という問題意識である。

ここで紹介するのは、石神井高校の二年生に一九九六年度から一九九九年度まで四年間やってきた「思想」学習の実践のおおすじである。授業時数は二〇数時間、年間の半分程度である。細部の違いやバリエーションは年度によってある。二〇〇〇年度からは「西洋思想中心」の授業に変えた。二〇〇一年度はその延長のうえでさらに、世界史と結びつけて「民主主義の思想史」にしぼって重点的に授業をすることにした。以下の紹介で西洋の思想家ロック、ルソー、カント、マルクス・エンゲルスについては、くわしく扱った二〇〇一年度の授業内容である。なお、教科書は実教出版『倫理』(城塚登他)、資料集は数研出版を使用した。限られた紙数の中で授業内容中心の紹介となり、不十分な点は容赦をいただきたい(夏目漱石や与謝野晶子などを扱った年もあるが省略する)。授業でとりあげた原典資料の一部も掲載するが、難しい言葉はひらがなにした。

(一) 文明開化と福沢諭吉(一八三四〜一九〇一年)

〔文明開化とは〕 ペリー来航から文明開化までの流れを、年表を見ながらみる。明治政府は、四民平等、地券の公布と地租改正、殖産興業政策などをすすめた。また、太陽暦の採用、鉄道の開通、洋服や洋食など西洋文明が取り入れられた。しかし農村は大きな変化はなかった。

①福沢諭吉はどのような人生を送ったか

生い立ち、少年時代から晩年までの歩みを話したあと、三〇数分に編集した映画「福沢諭吉」を見る。映画の流れは以下である。少年時代、神社に祭ってあった石を捨ててしまう。長崎そして大坂へ行き、オランダ語を学ぶ。江戸へ来て蘭学塾を開く。のちに結婚するお錦と出会う。横浜が開港され来てみたが、必死になって勉強したオランダ語が通じなくてショックを受ける。英語の学習に切りかえる。渡米してアメリカの物質的・経済的な発展や民主主義制度を見て驚く。「門閥制度は親の敵」と日記に書く。帰国後、慶應義塾を開いて「天は人の上に人をつくらず」と演説する。柴田恭兵が福沢諭吉を演じているので、知っている生徒は興味をもつ。

②天賦人権論

福沢諭吉の出発点は、アメリカ独立宣言にみられるような天賦人権論である。もっともかれはキリスト教徒ではなかったが。『学問のすすめ』（一八七二年から分冊で発行）は合計三四〇万部売れ、大ベストセラーになった。人間は平等、すべての民族も平等であると、はっきりのべている。日本の封建制度を批判する。Speech を演説と訳したのは彼で、慶應義塾で演説会をはじめた。

「天は人の上に……」のもとは、All men are created equal（アメリカ独立宣言・一七七六年）である。

《資料一》天は人の上に人をつくらず　（「学問のすすめ」・『福沢諭吉』中央公論社）

「天は人の上に人を造らず人の下に人を造らず」と言えり。されば天より人を生ずるには、万人は万人みな同じ位にして、生まれながら貴賤《きせん》の上下の差別なく、万物の霊たる身と心との働きをもって天地の間にあるよろずの物をとり、もって衣食住の用を達し、自由自在、互いに人の妨げをなさずしておのおの安楽にこの世を渡らしめ給うの趣意なり。されども今、広くこの人間世界を見渡すに、かしこき人あり、おろかなる人あり、貧しきもあり、富めるもあり、下人もありて、その有様雲と泥《どろ》との相違あるに似たるはなんぞや。その次第はなはだ明らかなり。『実語教《じつごきょう》』（寺子屋で使われた修身の教科書）に、「人学ばざれば智なし、智なきものは愚人なり」とあり。されば賢人と愚人との別は学ぶと学ばざるとによりてできるものなり。

③実学の尊重

これまでの儒学にかわって、物理学や化学などの自然科学、さらに経済学などの社会科学や人文科学などを学ぶことが大事である。西洋諸国が発展したのはそのような実証的・合理的かつ実利的な学問に負っている。日本人もこれからどんどんそういう学問を学んでいこう、と呼びかけた。

④一国の独立

独立とは「自分にて自分の身を支配し他によりすがる心なき」ことである。国中の人民に独立の気力がないと、国の独立もできない。その上で欧米のように発展しなければならない。

《資料二》一身独立して一国独立する（『学問のすすめ』）

我日本国人も今より学問に志し気力をたしかにして、まず一身の独立をはかり、したがって一国の富強を致すことあらば、何ぞ西洋人の力を恐るるにたらん。道理あるものはこれに交わり、道理なきものはこれを打ち払わんのみ。一身独立して一国独立するとはこのことなり。

⑤文明論

世界の国々を次のように分類した。ヨーロッパ・アメリカ＝文明国、トルコ・支那（中国）・日本等アジア諸国＝半開の国、アフリカ・オーストラリア等＝野蛮の国。しかし、この分類は時代による相対的なものであって、歴史を振り返ってもわかるように変化していくものである。日本はヨーロッパ・アメリカの文明を目的として進歩すべきである。

⑥富国強兵論（脱亜論）への転回（一八八〇年代〜）――福沢諭吉の陰の部分

――官民調和論へ（民権よりも国権を重視していった）

「学問のすすめ」を書いたころの福沢は、民権を重視していた。政府は国民の同等な権利を保護する手段として組織しなければならない、国民の一人一人が統治の主にして同時に客である、とのべていた。自由民権運動が高まる中で明治一四年の政変（一八八一年）が起こり、一〇年後の国会開設が約束された。こうしたなかで福沢は、日本の発展は結局「兵力」に頼らざるをえない。国会開設を待たずに軍備を拡張するために国民は税金をおさめよ、とのべた。かれは、民権運動家は無知無識の愚民にすぎない、かれらの不平をなだめるために、政府に地位をみつけてやればよかろう、とも言っている。一方、政府にたいしては官尊民卑をなくすことを求めたり、華族制度の制定を非難し藩閥を攻撃したりした。そして伊藤博文主導の憲法制定を期待した。

——そのアジア政略

福沢はアジアの国々が今後どのようになっていくかを予想して、以下のような考えを示した。

中国分割論——中国は一九世紀の末ころには、ヨーロッパ列強と日本によって分割されるであろう。日本は台湾とその対岸の福建省の半分を領有するだろう。（予想図もつける）

朝鮮支配論——朝鮮は「文明の敵」である。市場として開放し、日本の資金と人材を輸出する。

脱亜論——福沢は、日清戦争がはじまったらこれを支持し、日清戦争は「文野明暗の戦」であるとした。そして戦費の寄付運動の発起人の一人となった。天賦人権論はどこへいってしまったのだろうか？　日清戦争の起こる前に、有名な脱亜論を説いている。アジアを脱する＝抜け出す。

《資料三》脱亜論・脱亜入欧（「脱亜論」・『倫理資料集』数研出版）

我日本の国土はアジアの東辺にありといえども、その国民の精神は、すでにアジアの固陋《ころう》を脱して、西洋の文明に移りたり。しかるにここに不幸なるは、近隣に国あり、一を支那といい、一を朝鮮という。……我輩をもってこの二国をみれば、今の文明東漸《とうぜん》の風潮に際し、とてもその独立を維持するの道あるべからず。……今の支那朝鮮は、我日本国のために一毫《いちごう》の援助とならざるのみならず、西洋文明人の目をもってすれば、三国の地利相接するがために、時にあるいはこれを同一視し、支韓を評するの価をもって、我日本に命ずるの意味なきにあらず。……その影響の事実にあらわれて、間接に我外交上の故障をなすことは実に少々ならず、我日本国の一大不幸というべし。されば今日の謀（はかりごと）をなすに、我が国は隣国の開明を待ちて共にアジアを興すの猶予あるべからず、むしろその伍《ご》を脱して西洋の文明国と進退を共にし、その支那朝鮮に接するの法も、隣国なるがゆえにとて特別の会釈《えしゃく》におよばず、正に西洋人がこれに接するの風に従って処分すべきのみ。悪友を親しむ者は、共に悪名を免《まぬ》かるべからず。我は心においてアジア東方の悪友を謝絶するものなり。

福沢諭吉は、文明化とは資本主義化であり、それは世界に進出した欧米諸国と同じ道を行くというコースで、日本のすすむ道はそれ以外にはありえないと考えた。ところが、福沢と同じように西洋思想を学んで別の道を考えた思想家も現われた。（参考文献・鹿野政直『福沢諭吉』清水書院）

（二）　自由民権運動と中江兆民（一八四七〜一九〇一年）

〔自由民権運動のあらまし〕アジアの他の国々に先駆けて近代化の道を歩んだ日本では、一八七〇年代から八〇年代にかけて自由民権運動が展開された。自由民権運動の三大要求は、国会開設・地租改正・不平等条約の改正であった。運動は豊かな農民から多くの民衆へと広がっていった。民衆自身が学習をして、様々な憲法案を作成した。明治政府が言論の自由を弾圧する中で、自由民権運動が激化していき、秩父事件なども起こった。ビデオ「自由と土佐」（二五分・自由民権記念館）も見る。

〔中江兆民の生涯〕土佐藩の下級武士の家で生まれた。二五歳から二年間フランスに留学し、民主主義思想を学んで大きな影響を受けた。帰国後ルソーの『社会契約論』を翻訳し、「東洋のルソー」と呼ばれるようになった。自由民権運動に参加しリーダーとなり、第一回衆議院選挙で大阪から当選する。しかし、軍事費拡張のための予算案が国会で成立したことに失望して、議員を辞職してしまう。

①自由論

「精神の自由」こそがあらゆる領域における創造の基礎である。ワットの蒸気船、ガリレイ・ニュートンの物理学、ラファエル・ミケランジェロの絵画など自分で考えつくして発見しなかったものはない。イギリス、フランスの国民が政治にたずさわるのも自由の心を運用しているのだ。

《資料四》 心思の自由（精神の自由）・『中江兆民』中央公論社）

さて、人みな自由の心がある。その上で宗教をたて、道学を開き、芸を講じ、技術を開発し、農業につとめ、商業に専念するときは、これこそ人びとが、おのおのその自由の心を運用して、それを宗教に道学に芸に技術に農業に商業に及ぼしているのである。政治だけなぜ一つ例外なのか。

イギリス、フランスの民が政治にたずさわるのは、その自由の心を運用して、効果を収める点で、宗教家、思想家、学者、芸能人が、志しているところと同じである。ああ、なんと彼らは幸福であろうか。

ヨーロッパ人もアジア人も、ひとしく人間である。欧米では、みな自由の心を運用して政治におよぼさないものはなく、アジアでは、ただ政治におよぼすことができないだけでなく、まだかつて政治におよぼすことが急務であることを知らない。天が人間に福利を与えることが平等でないのも、ここにまで至っている。それなら、どうしたらよいだろうか。われわれ三千五百万の国民も相談しあって憲法を作り、政治にあずかることをはかろうとするだけである。

②恩賜的民権（為政者から与えられた民権）から恢復的民権（人民みずから勝ちとった民権）へ

中江兆民は、明治一四年の政変後、政府・権力者から憲法が与えられようとしている日本のきびしい現実から出発した。アメリカやフランスのように民衆自身の力で憲法を勝ち取っていくことは難しいなかで、政府から与えられた恩賜的民権を大切に育てていって、恢復的民権に実質的に変えていくという考えをのべた。

③日本はどうすすむべきか

民主主義者の洋学紳士・侵略主義者の豪傑君・漸進的な自由主義者の南海先生が、酒をのみながら話し合う。中江兆民は三人の中の誰だろうか。生徒は中学でやった「自由民権運動」や「帝国主義の時代」などあまり頭に残っていない。そこで、当時の歴史の流れを復習しながらみていく。『三酔人経綸問答』（一八八七年）での洋学紳士の考えは、武力を放棄した日本国憲法の考えと同じである。

《資料五》民主主義者の洋学紳士は言う（『三酔人経綸問答』前掲書）

ヨーロッパ諸国はすでに自由、平等、博愛の三大原理を知っていながら、民主制を採用しない国が多いのはなぜか。道徳の原理に大いに反し、経済の理法に大いにそむいてまで、国家財政をむしばむ数十百万の常備軍をたくわえ、むなしい功名をあらそうために罪のない人民に殺しあいをさせる、それはなぜでしょうか。

国防はヤボの骨頂　文明の進歩におくれた一小国が、昂然としてアジアの端っこから立ちあがり、一挙に自由、博愛の境地にとびこみ、要塞を破壊し、大砲を鋳つぶし、軍艦を商船にし、兵卒を人民にし、一心に道徳の学問をきわめ、工業の技術を研究し、純粋に哲学の子となったあかつきには、文明だとうぬぼれているヨーロッパ諸国の人々は、はたして心に恥じいらないでいられるでしょうか。もし彼らが頑迷凶悪で、心に恥じ入らないだけでなく、こちらが軍備を撤廃したのにつけこんで、たけだけしくも侵略して来たとして、こちらが身に寸鉄を帯びず、一発の弾丸をも持たずに、礼儀ただしく迎えたならば、彼らはいったいどうするでしょうか。剣をふるって風を斬れば、剣がいかに鋭くても、ふうわりとした風はどうにもならない。私たちは風になろうではありませんか。（前掲書）

④人民主権と民主的な政治の構想

〔人民主権論〕　人民がみずから憲法をつくる。しかし、中江は日本の現実のなかで、君主（天皇）が実権をもたない「君民共治」を考えた。また、普通選挙権論＝貧富・男女を問わない選挙権・被選挙権を主張した。明治維新後、四民平等に建前上はなったが、「エタ・非人」は新平民として差別されていた。中江は、差別者の意識を問題にして部落が解放されなければならないとした。

〔平和な小国日本論〕　日本はヨーロッパ諸列強のような「大国」の道をとるべきでなく、「小国」の道をとらなければならない。明治政府は一八八〇年代に清国を仮想敵国として朝鮮や大陸での作戦を展開しうる軍事力をつくりあげつつあったが、兆民は「土著（どちゃく）兵論」を展開した。

〔土著兵論〕 徴兵常備軍制度は廃止して土著兵をおく。平素は人民はそれぞれの職業に従事していて、地区の訓練日に地域の人民が集まって、終日国を守るための技術を習練する。

このように兆民は非武装＝非侵略・平和の外交を理想としていた。彼は日本がアジア進出の道をすでに歩み始めていた時に、小さな平和国家としてすすむべき別の道を提示したのである。

〔植木枝盛と「東洋大日本国国憲案」〕

植木枝盛は中江兆民と同じ土佐藩の下級武士の出身だが、兆民のように外国へ行くことはなく、もっぱら独学で翻訳書によってヨーロッパの民主主義思想を深く身につけていった。一八歳の時、郷里で板垣退助の演説を聞き発奮して政治への関心を高めていき、翌年上京して板垣宅に住みこんだ。東京で彼は読書とともに、明六社や福沢諭吉の三田演説会、またキリスト教会の説教にもせっせと足を運んだ。植木は板垣退助の腹心の一人として活躍するとともに、日本最初の国民政党自由党の結成に参加し、自由民権運動の理論的・実践的リーダーとなっていった。民衆によって五〇もの憲法案がつくられたが、植木の「東洋大日本国国憲案」（一八八一年）は五日市憲法とともに最も民主的・進歩的な憲法案といわれる。（一）主権在民（二）思想・言論・集会の無制約的な自由（三）人民の抵抗権、革命権（四）平和主義《第三二条・日本が外国から侵略を受けたとき以外に戦いをしない》などが書かれている。

（三）近代民主主義の思想――ロック、ルソー、カント

ここで福沢諭吉や中江兆民などの思想の背景として、ヨーロッパの三人の思想家を取り上げた。

〔ロックの民主主義的市民政府論（イギリス・一六三二〜一七〇四年）〕

①ロックはどんな人生を送ったか――彼の父はジェントリ（郷紳）で、ピューリタン革命のとき議会派で従軍した。三四歳のとき反国王派の中心人物シャフツベリ伯の侍医兼秘書となる。一六八三年にオランダに亡命し、名誉革命後に帰国した。革命後の新しい政治体制を擁護する理論をつくる。

②フィルマーの王権神授説の批判――フィルマーの考え……神はアダムに支配権を与えた。これは族長に受け継がれ、各国君主へと伝えられる。したがって国王に絶対的に服従すべきである。ロックはこの考えは間違っている、聖書のどこにも書かれていないと批判した。

③自然状態・自然権としての所有権――ホッブズは、人間の自然権を自己保存のために思うままに行動する自由と考えた。この自然状態では戦争状態となってしまうので、自然権を放棄ないし譲渡し相互契約（**社会契約**）を結んで、きびしく罰する国家（絶対君主制）を設立するのだと考えた。これにたいしてロックは、人間の自然状態を、理性の範囲内で行動を律し、自由・平等・平和な状態であると考えた。

《資料六》自然状態について（『市民政府論』鵜飼信成訳・岩波文庫）

政治権力を正しく理解し、またその起源を尋ねるためには、われわれは、すべての人間が天然自然にはどういう状態に置かれているのかを考察しなければならない。そうしてそれは完全に自由な状態であって、そこでは自然法の範囲内で、自らの適当と信ずるところにしたがって、自分の行動を規律し、その財産と一身とを処置することができ、他人の許可も、他人の意志に依存することもいらないのである。

それはまた、平等の状態でもある。そこでは、一切の権力と権限は相互的であり、何人も他人より以上のものはもたない。同じ種、同じ級の被造物は、生まれながら無差別にすべて同じ自然の利益を享受し、同じ能力を用い得るのであるから、もし彼らすべての唯一の主なる神が、なんらかの明瞭な権利をその者に賦与するのでない限り、互いに平等であって、従属や服従があるべきではない、ということは明々白々であるからである。

④政治社会の発生と政府の目的――貨幣の発明によって人々の間に財産の差が生まれた。すると他人の所有権を侵害する者が出てくるが、自然状態においてはそれを処罰する権力がないために様々な問題が生まれる。そこで、争いを解決し犯罪を処罰するために政治的権力をつくった。人々の生命・自由・財産を守るために政治社会が生まれたのである。

⑤政治機構をどう考えたか――ロックは立法権は議会に、行政権・連合権（戦争・講和・同盟・条約などの外交）は国王に所属するとした。そして立法権が最高の権力をもつ。名誉革命後は「国王は君臨すれども統治せず」「議会あっての国王＝King in Parliament」いう状態が生まれた。ロックの政治機構論は、イギリスの議院内閣制への道を切り開いた。三権分立はのちのモンテスキューによってとなえられる。

⑥専制支配にたいする抵抗権・革命権――権力は専制化し、国民の生命・自由・財産を侵害しやすい。国民はまず法の枠内で抵抗し、さらに専制支配が極端になったら反乱を起こす権利がある。この考えはアメリカ独立宣言の中心思想となった。

《資料七》 政治社会の目的、抵抗権・革命権（前掲書）

人間が社会を取結ぶ理由は、その所有の維持にある。また彼らが立法府を選任し、授権する目的は、こうして作られた法や規則が、社会のすべての成員の所有を保護し、垣根をし、その社会のどの一部、どの一員といえども、これを支配しようとすれば制約し、その権力に限界をおくということにある。

……立法者が、人民の所有を奪いとり、破壊しようとする場合、あるいは恣意的な権力のもとに、彼らを奴隷におとし入れようとする場合には、立法者は、人民に対して戦争状態に身をおくことになり、人民は、かくて、これ以上服従する義務を免れ、神が人間を一切の実力暴力に対して身を守るため与えられたあの共通のかくれ場所にのがれてよいことになる。であるから、もし立法府が、社会のこの基本的原則を破るならば、そうして野心なり、恐怖なり、愚鈍なり、もしくは腐敗によって、人民の生命、自由および財産に対する絶対権力を、自分の手に握ろうとし、または誰か他の者の手に与えようとするならば、この信任違反によって、彼らは、人民が、それとは全く正反対の目的のために彼らの手中に与えた権力を没収され、それは人民の手に戻るようになる。人民は、その本来の自由を回復し、（自分たちの適当と思う）新しい立法府を設置することによって、彼らが社会を作った目的である自分自身の安全と保障の備えをするのである。

⑦宗教にたいする寛容――ピューリタン革命から名誉革命の中では、宗教上の対立と争いが大きな問題として続いた。こうした経験の中で、ロックは国家（集団・個人の場合も）は人々のもついろいろな信仰という宗教的問題には干渉してはいけない、という近代国家の原則をまとめた。これは宗教的寛容といわれる。

⑧ロックの思想はどのような影響を与えたか――アメリカ独立宣言の起草者の一人トマス・ジェファーソンはロックの本を座右の書としていた。アメリカ革命はフランス革命へと波及し、フランス人権宣言にも大きな影響を与えた。（参考文献・田中浩他『ロック』清水書院）

〔ルソーの人民主権と直接民主主義の思想（フランス・一七一二～一七七八年）〕

①ルソーの生涯――ルソーはスイスのジュネーブで時計職人を父として生まれたが、母は産後まもなく死んでしまう。一〇歳のとき父親は失踪し、親戚に預けられる。時計職人のところに徒弟奉公にやられるが、一六歳のとき飛び出して放浪生活をする。ヴァラン夫人と出会い五年間、愛人となる。パリに出てきて音楽家として活動する。「学問・芸術論」を書き、懸賞論文で当選する。一七六二年に『社会契約論』を出版後、スイスに一時亡命する。のちパリに戻り楽譜の筆写で生活を続け、死亡する。フランス革命後、偉人として葬られる。

②自然状態から不平等な文明社会へ――人間は自然状態では、不平等はなく平和で幸福であった。家族と

私有財産が発生し、他人の手を借りる労働や分業の発達が人間の不平等を生みだした。富者の財産は正当に得られたものではない。富者による法律の制定によって、私有財産と不平等を確定した。

③社会契約とは――人間は自由なものとして生まれた。そして、いたるところで鉄鎖につながれている。この自然状態にあった自由・平等・平和をとりもどすために契約を結ぶ。

《資料八》社会契約と人民主権（『社会契約論』桑原・前川訳・岩波文庫より要約）

・国家をつくるものは何か　各人は自己を全面的に譲渡し、そのことによって自由と権利を最大限に確保するために相互に契約を結ぶ。これが社会契約である。われわれの各々は、身体とすべての力を共同のものとし一般意志の最高の指導の下におく。そして各構成員を全体の不可分の一部として、ひとまとめとして受けとるのだ。この結合行為は、直ちに各契約者の特殊な自己に代わって、ひとつの精神的で集合的な団体をつくりだす。その団体は集合における投票者と同数の構成員からなる。この公的人格は受動的には構成員から国家とよばれ、能動的には主権者とよばれる。構成員は集合的には人民、主権に参加するものとしては市民、国家の法律に服従するものとしては臣民（しんみん）と呼ばれる。

・国家は人民の一般意志によって統治されなければならない　政治体を構成することに同意した人間は、個人的な意志＝特殊意志をもつけれども、一般意志（つねに正しくつねに公の利益をめざす人民の意志）への服従を拒むことはできない。国家をつくる人民の一般意志は、国家の唯一最高の意志であって、対内的・対外的に様々の作用をもつ。それが主権である。特殊意志を集めたものが、全体意志である。

・主権はどのような性格をもっているか　主権は譲り渡すことができない、分割できない、代表されない（モンテスキューの三権分立論はルソーの立場からは否定される）。イギリス人民が自由なのは議員を選挙する間だけのことで、議員が選ばれるやいなや、イギリス人民は奴隷となり、無に帰してしまう。

・人民の革命権　一人の市民が首長に服従する行為はけっして契約ではなく、まったく委任もしくは雇い入れにすぎないのであって、その場合首長は、主権の単なる役人として、主権者から委ねられた権力を、主権者の名においてて行使しているのであり、主権者は、この権力を、好きなときに、制限し、変更し、とりもどすことができる。

④共和制・直接民主主義の小さい国家が理想――君主政体、貴族政体、民主政体のなかで、民主政体がよいだろう。小さな国家で、執行権と立法権は分けられるが、人民主権のもとで定期的な集会によって政府を変えることもできる平和な国家がよい。

⑤キリスト教の批判――キリスト教は、服従と依存だけしか説かない。その精神は圧政にとても好都合なので、圧政はつねにこれを利用せずにはすまない。国家は、市民が自分の義務を愛させるような市民的宗教をもつことが重要である。（参考文献・中里良二『ルソー』清水書院他）

⑥近代民主主義の思想はその後の世界にどのような影響を与えたか

〈一七世紀〉イギリスの名誉革命（一六八八年）

〈一八世紀〉アメリカ革命（一七七三年～）とフランス革命（一七八九年～）→近代憲法の誕生

〈一九世紀～二〇世紀〉西欧はじめ世界の国々の市民革命は、近代民主主義の思想を武器としてたたかわれた。日本国憲法（一九四七年）は人類普遍の原理として、基本的人権・民主主義を高らかに宣言した。第一一条「この憲法が国民に保障する基本的人権は、侵すことのできない永久の権利として、現在及び将来の国民に与えられる」。

〔カントの永久平和論〕（ドイツ・一七二四～一八〇四年）

①カントが「永久平和論」を構想した背景――ドイツの哲学者カントは、ルソーの本を通じてサン・ピエールのヨーロッパ連合の構想を知っていた。一七九五年にプロイセンが大革命後のフランスとバーゼル平和条約を結んだことが、永久平和論を書く直接の機会となったといわれる。カントが亡くなってから、プロイセンはロシアと組んでフランスに宣戦した。

②カントの永久平和論――「国際連合」構想

カントは「自他の人格をたんに手段として使用することなく、いつでも同時に目的そのものとして取り扱え」とのべた。戦争は、目的そのものである個人の人格の尊厳をこわし、たんなる手段として人間を使用する。したがって、戦争のない永久平和こそ人間の到達すべき義務なのである。では、戦争のない世界はどうしたら実現するか、カントは国家間の永遠平和のための条件として、以下をあげている。

《資料九》国家間の永遠平和のための必要条件（『永遠平和のために』宇都宮芳明訳・岩波文庫より）

（1）将来の戦争の原因となるような要素を残して結ばれた平和条約は、無効である。

（2）独立国家はいかなる手段によっても他国に取得されえない。

（3）常備軍は時とともに全廃されなければならない。
（4）国家の対外紛争にかんして、いかなる国債も発行されてはならない。
（5）いかなる国家も、他国に力をもちいて干渉してはならない。
（6）いかなる国家も、戦争中に相互信頼の修復を不可能にするような敵対行為を行ってはならない。

以上だけでは不十分で、カントはさらに、永遠平和実現のための確定条項（十分条件）を三つあげているが、その二番目で、「国際法は、自由な諸国家の連合制度に基礎を置くべきである。国家としてまとまっている諸民族は、その自然状態においては、隣りあっているだけですでに互いに害しあっている。そこで各民族は自分たちの安全のために、それぞれの権利が保障される場として、市民的体制と類似した体制に一緒に入ることを他に対しても要求でき、また要求すべきなのである。これは《国際連合》と言える」とのべている。カントは、まさに**国際連合**（一九四五年結成）の思想的な生みの親と言えるのではないだろうか。

カントについては、教科書では哲学や道徳論についての解説はあっても、永久平和論についてはふれられていないものが多い。もっと書かれてもよいのではないか。

（四）近代日本のキリスト教と内村鑑三（一八六一〜一九三〇年）

①キリスト教の伝来から明治初年まで——一五四九年にフランシスコ・ザビエルが来日し、キリスト教の布教活動を行った。一七世紀はじめに信者は七〇万人となった。キリスト教徒は豊臣秀吉の時代から江戸時代にかけて弾圧を受け、隠れキリシタンとして信仰を守った人々も多い。明治政府も当初弾圧したが、のちに解禁した。

②内村鑑三の生涯——高崎藩士（群馬県）の子として東京で生まれる。儒教的教育を受ける。札幌農学校に入学し、クラーク博士の影響の強い学校で、キリスト教に入信する。卒業後、農商務省の役人として水産調査などを行う。渡米して白痴院の看護人となるが、のちアマスト大学に入り神学を学ぶ。学長シーリーから強い感化を受ける。帰国後第一高等中学校の講師となったが、不敬事件で辞職する。『万朝報』記者になり、足尾銅山鉱毒事件などにも関わる。その後、無教会主義に立つ聖書の研究に専念した。

③二つのJ——アメリカから帰国後、日本の国土に自生したキリスト教の形成をめざし、「イエスと日本」に生涯をかけることを決意する。彼の墓碑銘には **“I for Japan, Japan for the World, The World for Christ, And all for God”** と書かれている。

《資料一〇》二つのＪ（『失望と希望―日本国の先途』倫理資料集・数研出版）

私共にとりましては愛すべき名とては天上天下ただ二つあるのみであります。その一つはイエスでありまして、その他のものは日本であります。これを英語でもうしますればその第一はJesusでありまして、その第二はJapanであります。二つともＪの字をもって始まっておりますから私はこれを称してTwo J'sすなわち二つのジェーの字と申します、イエスキリストのためであります、日本のためであります。私共はこの二つの愛すべき名のために私共の生命をささげようとおもう者であります。

④不敬事件――一八九一年一月九日、第一高等中学校で教育勅語奉戴式が行われた。講堂の中央に天皇・皇后の御真影があり、教員と生徒が五人ずつ明治天皇が署名した教育勅語に奉拝する。内村は礼拝することを拒否し、軽く頭を下げただけだった。このことが生徒や教員そして新聞雑誌で非難を受け、辞職に追い込まれた。

⑤日露非開戦論、戦争絶対反対論――内村は日清戦争の時には、進歩勢力の日本が後れた清国に西洋文明を伝える戦争と考え、賛成した。しかし、ポーツマス条約によって日本が領土を拡大したことなどをみて反省し、のち、日露開戦論が高まるなかでキリスト教の立場から非戦論を唱えた。

《資料一一》非戦論（「戦争廃止論」倫理資料集・数研出版）

余は日露非開戦論者であるばかりでない、戦争絶対的廃止論者である、戦争は人を殺すことである、そうして人を殺すことは大罪悪である、そうして大罪悪を犯して個人も国家も永久に利益をおさめえようはずはない。世には戦争の利益を説く者がある。しかり、余も一時はかかる愚を唱えた者である、しかしながら今に至ってその愚の極なりしを表白する、戦争の利益はその害毒をあがなうにたりない、戦争の利益は強盗の利益である、……盗みし者の道徳はこれがために堕落し、その結果として彼はついに彼が剣を抜いて盗み得しものよりも数層倍のものをもって彼の罪悪を償《つぐな》わざるを得ざるに至る、もし世に大愚の極と称すべきものがあれば、それは剣をもって国運の進歩を計らんとすることである。

〔イエスの生涯とキリスト教〕（略）

内村鑑三が到達したキリスト教はどんな教えかという流れで、イエスとキリスト教について学ぶ。内村鑑三が少年時代、母の影響を受けて神社の前を通るたびに礼をしていたという話は、あとで神道について学ぶ布石ともなる。また、不敬事件の話は、明治政府がどんな国家を形成していこうとしていたかを考える素材ともなる。

（五）国家主義と教育勅語

①**神道とは**――民族宗教と世界宗教、世界の宗教人口。神道はどんな宗教か。八百万《やおよろず》の神々を祭る多神教だが、「姿なき神」で神像はない。死んだ人の霊や実在した人物（菅原道真など）も神になる。

②国家神道の確立

江戸幕府は仏教を国教としていた。神社は寺院に従属していたのである。一八六八年の神仏分離令をきっかけに廃仏稀釈の運動が起こる。一八七〇年に大教宣布の詔《みことのり》が出され、全国の一七万余の神社はすべて国家的公的性格をもつことになった。明治政府は一八八二年に祭祀と宗教を分離し、国家神道（神道は宗教ではないとした）確立にふみきった。神社へは国費・地方費を支出し、神官は官吏の待遇となった。伊藤博文は当時、次のようにのべていた。ヨーロッパ諸国ではキリスト教が基軸となっている。日本の宗教は弱体で国家の機軸となることはできない。我が国にありて機軸とすべきは、ひとり皇室あるのみである。

国家神道のもとで以下のようなしくみが生まれていった。江戸時代までは、元号は天皇一代に限らず何回も変えられたことがあったが、天皇一代で一つの元号を用いる一世一元制度を確立した。また、神話に基づく神武天皇即位の年（紀元前六六〇年）を日本紀元元年とし、皇紀〇〇年と呼ぶようにした。天皇は現人神《あらひとがみ》とされ、天皇と神社の参拝は全国民の義務となった。国民はすべて神社の氏子として登録された。明治政府は新しい神社の創建にとりかかり、靖国神社（国家につくした軍人の霊をまつる）や天皇をまつる神宮をつくった。

③国家主義思想の形成——一八八〇年代〜

政府の弾圧により、自由民権運動は敗退した。一方、西欧民主主義に対抗して、政府の欧化主義にたいする批判と国家主義が起こる。福沢諭吉、陸羯南《くがかつなん》、三宅雪嶺などの富国強兵論・「国民主義」・国粋主義が生まれる。一八八六年に学校令が出され、師範学校をつくって教員を養成するとともに、帝国大学出身者による官僚の養成をはかった。そして、個人の自立よりも国家につくすことを中心とする国家主義教育が目標となった。

④教育勅語（大日本帝国憲法にもふれる）

一八八九年に、ドイツの憲法をモデルに、大日本帝国憲法（天皇主権）が発布された。翌年に、教育勅語が天皇の言葉として発布された。教育勅語はどんなことを言っているか。「一旦緩急《かんきゅう》（戦争や国内の非常事態）あれば義勇公に奉じもって天壌無窮（永遠で極まりないこと）の皇運を扶翼（助ける）すべし」が眼目であった。

一八九一年に、文部省は「小学校祝日大祭日儀式規定」を施行した。当時の三大祝日は、元始祭（一月一日）、紀元節（二月一一日・神武天皇即位の日）、天長節（一一月三日・明治天皇の誕生日）である。

この儀式の参加者は教職員・生徒・役場の職員・父母である。以下のように行われた。（一）御真影（天皇・皇后の肖像）に拝礼する。のちに奉安殿が学校の敷地内に建てられるが、これは御真影を安置しておく場所で、生徒がその前を通るときには最敬礼することになっていた。（二）万歳三唱。（三）教育勅語奉読（この時、頭を深く下げて不動の姿勢をしなければならない）。（四）祝歌（のちに「君が代」になっていく）合唱。こうして学校での厳粛な儀式は、天皇を崇拝し国家に忠誠をちかう思想を国民に浸透させていく手段となった。三年後に、日清戦争が起こった。

（このあと、夏目漱石、大正デモクラシーと吉野作造、与謝野晶子などを扱った年もあった）

《年表》　十五年戦争の経過（1931.9.18〜1945.8.15）

1925.3.19	**治安維持法（国体の変革・社会主義の禁止）**成立。普通選挙法成立。
1931.9.18	満州事変勃発。関東軍、柳条湖の満州鉄道線路を爆破。満州北部占領へ。
1932.3.1	満州国建国宣言（清朝最後の皇帝溥儀を執政のち皇帝とする）
5.15	海軍将校ら首相官邸などを襲撃。犬養首相を射殺。5.15事件。
1933.3.24	国際連盟日本軍の満州撤退を勧告（賛成42反対1）松岡洋右退場。27日　日本、国際連盟を脱退（のち、ドイツ・イタリアも脱退）。
1936.2.26	皇道派青年将校1400人余を率い、斉藤・高橋大臣らを殺害。2.26事件。
8.1	関東軍防疫給水部(石井部隊)、ハルビンに編成される。**七三一部隊**。
1937.7.7	北京郊外の盧溝橋で日中両軍衝突。**日中全面戦争**に拡大。
12.13〜	日本軍、首都南京を占領。**南京大虐殺事件**（約２０万人虐殺）。
1938.2.26	日本軍、**重慶**（国民政府の首都）の**無差別爆撃**を行う。
4.11	国家総動員法公布。人的・物的資源を国家が統制する。
1939.9.1	ドイツ軍、ポーランド侵入。**第二次世界大戦**勃発。
1940.9.23	日本軍、北部フランス領インドシナに進駐。
9.27	日独伊三国軍事同盟条約調印。
10.12	大政翼賛会、発足。
1941.4.13	日ソ中立条約調印。
6.22	独ソ戦はじまる。
12.8	日本軍、マレー半島、真珠湾を奇襲。米・英・蘭に宣戦布告。**太平洋戦争はじまる**。
1942.1.2〜3月	日本軍、マニラ、シンガポール、ジャワ島、ラングーンなど占領へ。
6.5	ミッドウェー海戦で日本海軍大敗。米軍、反攻に転ずる。
1943.9.3	イタリア、連合軍に降伏。
12.1	米英中首脳、カイロ宣言を発表……日本が奪った領土を返還する。
1944.7.7	サイパン島陥落。守備隊全滅。米軍、日本本土攻撃の拠点を確保する。
1945.2.4	米英ソ首脳、ヤルタ会談。ソ連の対日参戦を決定。
3.10	**東京大空襲**（約10万人死亡）
4.1	米軍、沖縄本島に上陸→**沖縄戦**。……
6.23	日本軍全滅、沖縄戦終了。(20万人以上死亡)
5.8	ドイツ、連合国に無条件降伏。
5.2	ベルリン陥落（ヒトラーは4.30に自殺）
7.26	米・英・中、日本の降伏を勧告するポツダム宣言を発表。
8.6	米軍、**広島**に原子爆弾を投下（年末までに約14万人死亡）
8.8	ソ連軍、満州に進撃、関東軍全滅。
8.9	米軍、**長崎**に原子爆弾を投下（約7万人死亡）
8.15	天皇、終戦の詔書を全国放送→第二次世界大戦終結。

（六）一五年戦争と日本のファシズム

①一五年戦争のあらまし（一九三一～一九四五年の年表によっておおまかな流れを解説する）

中国侵略戦争の流れとともに、国内の動きも見ていく。治安維持法と普通選挙法、共産党や反戦運動の弾圧、大政翼賛会や産業報告会の成立、国家総動員法に基づく勤労動員や学徒動員など。学校教育やマスコミが戦争体制に組み込まれていった。ポツダム宣言から敗戦までの動きも確認する。

②北一輝の思想――北一輝は、一九三六年の二・二六事件などを起こした軍人たちに影響を与えた。超国家主義といわれる。憲法を停止し、天皇を中心とする独裁的な政治機構を樹立しなければならないと考えた。彼は二・二六事件を指導したとして逮捕され、翌年処刑された。

③文部省「国体の本義」（一九三七年）――日中全面戦争の前に、全国に発送された。一四〇万部以上も発行され、中等学校の「修身」で使用されるなど学校で重視された。近代西洋の思想は日本の国体（天皇主権のあり方）にあわないとして批判し、日本精神で国民が統一されなければならないとした。

《資料一二》国体の本義

そもそもいかにして近代西洋思想が民主主義・社会主義・共産主義・無政府主義等を生んだかを考察するに、先に述べたごとく、そこにはすべての思想の基礎となっている歴史的背景があり、しかもその根底には個人主義的人生観があることを知るのである。西洋近代文化の根本性格は、個人をもって絶対独立自存の存在とし、一切の文化はこの個人の充実に存し、個人が一切価値の創造者・決定者であるとするところにある。……我が国の思想・学問が西洋諸国のそれと根本的に異なるところは、実にここに存する。我が国の和は、理性から出発し、互いに独立した平等な個人の機械的な協調ではなく、全体の中に和をもって存在し、この分に応ずる行を通じてよく一体を保つところの大和である。……身分の高いもの、低いもの、富んだもの、貧しいもの、朝野・公私その他農工商等、相互に自己に執着して対立をことをとせず、一に和をもって本とすべきである。

以上（一）から（六）は、実教出版の教科書（城塚登他）の「西洋思想の受容と展開」の流れにほぼ沿っている。このあとの授業は沖縄修学旅行（一月～二月）の事前学習が入ったりして、年によってまちまちである。しかし、以下の内容はできるだけ入れようとしてきた。

・戦時下の抵抗と反戦平和の思想
・日本国憲法と戦後民主主義の理念
・マルクス・エンゲルスと社会主義の思想（社会民主主義の思想も扱う）
・「日の丸・君が代（国旗・国歌）」と「思想・良心・表現の自由」
・核兵器廃絶をめざして
・地球温暖化を考える

以上の中からとくに「日本国憲法と戦後民主主義の理念」「マルクス・エンゲルスと社会主義の思想」

の項目について、以下紹介する。

（七）　日本国憲法と戦後民主主義の理念

〔日本国憲法前文を読む〕

戦後民主主義の理念とは以下である。

民主主義の原則（第一節）の背景には、リンカーンの言葉 Government of the people, by the people, for the people がある。平和主義の原則（第二節）、国家主権尊重の原則（第三節）。

こうした日本国憲法が誕生した背景に、約三一〇万人が死亡した国民の戦争体験、世界の反ファシズム勢力の意思がある。

①**国民主権**→政治の主権者は一人一人の国民（天皇は日本国と日本国民統合の象徴）にある。

②**基本的人権の保障**→自由権・平等権・参政権・社会権。民主主義社会における主権者としての権利として政治的自由を保障する。　①と②で民主主義の原則をのべている。

③**平和主義**（憲法第九条）「日本国民は、正義と秩序を基調とする国際平和を誠実に希求し、国権の発動たる戦争と、武力による威嚇又は武力の行使は、国際紛争を解決する手段としては、永久にこれを放棄する。（二）前項の目的を達するため、陸海空軍その他の戦力は、これを保持しない。国の交戦権は、これを認めない。」

〔教育基本法（一九四七年施行）にもとずく民主教育〕

教育基本法第一条→「教育は、人格の完成をめざし、平和的な国家及び社会の形成者として、真理と正義を愛し、個人の価値をたっとび、勤労と責任を重んじ、自主的精神に充ちた心身ともに健康な国民の育成を期して行われなければならない。」

第一〇条→「教育は、不当な支配に服することなく、国民全体に対し直接に責任を負って行われるべきものである。」……教育行政は教育内容に介入してはならず、条件整備が中心とならなければならない。教育の機会均等、九年の義務教育や男女共学ものべている。

《資料一―三》民主主義とは（文部省『民主主義（上）』一九四八年より）

民主主義を単なる政治のやり方だと思うのは、まちがいである。民主主義の根本はもっと深いところにある。それは、みんなの心の中にある。すべての人間を個人として尊厳な価値を持つものとして取り扱おうとする心、それが民主主義の根本精神である。……それは、政治の原理であると同時に、経済の原理であり、教育の精神であり、社会の全般に行きわたって行くべき人間の共同生活の根本のあり方である。

マルクスの社会主義思想は明治時代から日本に入ってきたが、治安維持法等で弾圧され、日本で大きな影響力をもってきたのは戦後である。そこで、ここで取り上げることにした。

（八）　マルクス・エンゲルスと社会主義の思想

（ドイツ・マルクス・一八一八〜一八八三年）

①社会主義の思想はなぜ生まれたか――市民革命は自由・平等を実現したか。産業革命によって資本主義社会が確立した。しかし、「契約の自由」は「搾取の自由」だった。労働者階級やその子女は悲惨な状態に追い込まれた。そういうなかで真に自由・平等な社会を探求して、空想的社会主義者が生まれた。サン・シモン、フーリエ、ロバート・オーエン。

②マルクスはどんな生涯を送ったか――ドイツで生まれ、エンゲルスと出会ってから生涯ともに研究し、活動した。ヨーロッパの共産主義者たちと共産主義者同盟を創立した。政府の弾圧のためイギリスに亡命し、生涯イギリスで生活した。資本主義経済の科学的研究に没頭し『資本論』を完成した。また、第一インターナショナル創立に参加し、労働者階級の解放のためにたたかった。

③唯物論的な歴史観――社会生活の基礎には労働がある。人類の社会は次のような発展段階をたどるとした。原始共同体・奴隷制・封建制・資本主義・社会主義・共産主義。社会の発展の基礎には物質的な生産力の発展があり、これが生産関係を変えていく。資本主義社会は最後の階級社会であり、社会主義社会は階級対立をなくしていく社会である。

《資料一四》万国のプロレタリア、団結せよ！（『共産党宣言・共産主義の諸原理』服部文男訳・新日本出版社）

これまでのすべての社会の歴史は、階級闘争の歴史である。

自由民と奴隷、貴族と平民、領主と農奴、同職組合の親方と職人、簡単に言えば、抑圧するものと抑圧されるものとは、絶えず互いに対立していて、あるときは隠れたかたちで、あるときはあらわなかたちで、絶え間のない闘争を行ったが、この闘争は、そのつど、社会全体の革命的変革で終わったか、それとも闘争しあっている両階級がともに没落することで終わったか、である。……

封建社会の没落から生まれた近代ブルジョワ社会は、階級対立をなくしはしなかった。それはただ、新しい諸階級、新しい抑圧諸条件、新しい闘争諸形態を、古いそれらに置き換えただけであった。

けれども、われわれの時代、ブルジョワジーの時代は、階級対立を単純にしたことによってきわだっている。社会全体は、敵対的な二大陣営に、互いに直接に対立する二大階級―ブルジョワジーとプロレタリアート―に、ますます分裂する。……

われわれがすでにさきに見たように、労働者革命における第一歩は、プロレタリアートを支配階級に高めること、民主主義をたたかいとることである。

プロレタリアートは、ブルジョワジーからすべての資本をつぎつぎに奪い取り、すべての生産用具を国家の手に、すなわち支配階級として組織されたプロレタリアートの手に集中して、大量の生産諸力をできるだけ急速に増大させるために、自分の政治的支配を利用するであろう。……

階級および階級対立をもつ古いブルジョワ的社会の代わりに、各人の自由な発展が、万人の自由な発展のための条件である連合体があらわれる。

④資本はどのようにして自己を増やしていくのか――資本の回転はどのように行われるか。資本家は労働者の労働力を八時間買って、四時間分の賃金を支払う。残りの四時間が剰余価値となって資本家の懐に入る。したがって労働者階級は資本家階級によって搾取されている。

⑤民主主義の徹底から社会主義へ――労働者階級をはじめとする働く人民が政治権力を握ることが必要である。労働者階級は生産手段を資本家階級の私的所有物から社会全体の所有物（国有・協同組合所有など）へと変え、計画経済を行う。マルクスは当時、イギリスやアメリカなど民主主義の制度が発達している国では議会を通じての平和革命の可能性があるとした。しかし、二人が生きている時代に社会主義革命は起こらなかった。

⑥ロシア革命とその世界への影響――①レーニンはマルクスの理論を学び、皇帝の支配を倒す民主主義革命から社会主義革命へとロシア革命を成功させた（一九一七年一一月）。②革命政権は、第一次世界大戦の交戦国に、即時、無併合・無賠償の全面講和を呼びかけ、翌年三月にドイツと講和条約を結んだ。③また、労働者や働く国民のための「社会保障」政策を実施し、ドイツのワイマール憲法など資本主義諸国へも大きな影響を与えた。

⑦社会主義への多様な道――レーニンの死後、スターリンがソ連共産党の書記長となったが一党独裁・

官僚制のスターリン型社会主義は失敗し、ソ連邦や東ヨーロッパの共産党政権は崩壊した。中国とベトナムなどでは、共産党政権のもとで資本主義諸国の資本や技術も取り入れる「社会主義市場経済」の方式で社会主義の理想をめざしている。

⑧社会民主主義の思想――西ヨーロッパ諸国においては社会民主主義の思想が大きな力をもっていて、自由主義・保守主義の勢力に対抗して多くの国々で政権を握っている。資本主義の枠内で、どのような政策をとっているか、両者の違いを見る。

西洋思想史を系統的にとりあげている教科書は減っている。マルクスについての教科書の解説は一面的で、搾取についての理論＝経済学のことは書かれていない。簡単ではあるがふれることにした。二〇〇〇年度から、授業は五分前に終わって、三行くらい感想を書かせるようにした。書き終わったころ、何人かに指名してそれを読ませたり、私が読んだりしている。授業中に居眠りをしたり、聞いていない生徒を減らすためである。八回分ぐらい書いたら回収する。

〔おわりに〕

以上の授業について、生徒たちがどこまで受け止めてくれたか、十分検証されないままの報告で申し訳ないが、日本の近現代史や日本国憲法と結びつけたことで、少しでも現在の自分たちとのつながりが理解できたのではないかと考えている。

二　青年期の課題と読書――まともな本を読んで、頭と心を豊かにしよう

毎年四月から五月のはじめにかけて、このテーマで六～七時間ほどの授業をやってきた。「倫理ってどんなことをやるの?」と期待と不安があるなかで、「青年期の話」は意外! で、「面白かった」「わかりやすかった」「身近なテーマでよかった」と多くの生徒が言ってくれた。しかし、それが終わって「思想」の授業に入ると「むずかしい」と感じるようだ。以下に授業の流れを紹介し、そのあとに生徒の感想をのせる。

〔青年期と人生における青年期の課題〕

「青年期」はどんな身体的・精神的特徴をもった時期か。ルソーの「第二の誕生」。「青年期」が出現した背景として、近代的大工業の発展や国民の教育への要求が高まる中で、学校制度が成立したことがある。職業人になるまでの長い一時期が生まれたのである。青年期は、アイデンティティの危機の時代であり、それをのりこえ、自己を確立していく時期である。人生八十年、長い人生における青年期は、三つのセイ（生・性・政）の問題を解決して一人前の大人になっていく時期である。社会的・経済的に自立していくこと、生涯の伴侶を選択して結婚すること、自主的に学習して政治の主人公と

なること、という三つの課題がある。世界では一八歳選挙権の国が多数であることにもふれた。

〔学校で学ぶ一般教養とは〕

自然科学は自然現象の中にある法則を理論的に体系化したものであり、理科は、科学的な自然認識の基礎を学ぶ。数学は、数理的・量的にものごとを客観的につかむ道具である。社会科学（地理・歴史・政治経済など）は、社会現象の中にある客観的な法則を探求する。国語・英語、言語はすべての総合的思考力の基礎となる。芸術は豊かな情操を養い、すぐれた芸術を鑑賞し創造できる力をつける。保健体育は、健康についての知識を得るとともに、強健な身体をつくり、スポーツを楽しめる力をつける。「はじめてこういう話を聞いてよかった」と言ってくれた生徒も多かった。

〔読書は頭と心を豊かにし、しっかりした基礎学力をつくる〕

毎日新聞社の読書世論調査（二〇〇〇年）によると、一〇代後半の人は月に本を平均三・八冊読んでいるが、高校生は二冊以下である。月に一冊も本を読まなかった人は過半数になる。なぜ本を読まなかったか、という問いに対する回答は、（1）漫画や雑誌の方がおもしろい＝五九％（2）ふだんいつも読まない＝五六％（3）他にしたいことがあった＝四一％（4）ビデオやテレビゲームの方がおもしろい＝二四％（5）クラブ活動で忙しい＝二二％（一九九八年の同調査）である。

読書は自分の知らない世界への知的な冒険だ！　読書は著者と自分とが一対一でじっくり対話をす

ることであり、著者の獲得した知識を学び、体験・経験を言葉によって追体験できる。また、著者のものの見方や考え方を知り、自分の考えとつき合わせることができる。文学作品などでは、いろいろな人生や生き方について知ることができる。

読書の習慣をつけよう。まずは月に一冊はまともな本を読んでみよう。毎日読むことが大切である。毎日一〇分間読めば、一週間で一時間一〇分になる。一日に二〇頁ずつ読めば一週間で一四〇頁も読める。一章ずつ読むという方法もある。短い作品や文章から読むようにする。本が好きになったら、だんだん長い作品に挑戦していく。学問的な文章を読む場合には、重要だと思われる所にアンダーラインをひく。また、ノートに抜粋したりまとめたりしながら読む。書くことで、頭が整理される。自分の読書記録をつけておこう。読み終わった本のタイトルと読んだ月だけでも書いておくと、自分の精神的成長があとでわかる。ではどんな本を読んだらいいのだろうか。文庫本や岩波少年文庫、岩波ジュニア新書が読みやすくおすすめである。

新聞を読もう。一面のトップ記事だけでもできるだけ読んでみよう。興味があるところから読む。新聞をよく読むようになると、現代文や社会科の力もつく。

読書力は基礎学力だ。高等学校やより上級の学校で学習することがよく理解できるためには、幅広くいろいろな本や新聞を読んで、ものごとをよく考えることのできる頭になっていなければならない。読書の質と量（どんな本をどれだけよんだか）が読書力をつくる。本を読んで「考える力」をつけよう。大学受験にもプラスになる。

「世界児童文学ベスト四四のちにベスト一九」（立川選）「高校生のための日本文学二六選」（立川選）を紹介する。読んだ本にマークして、何人読んだ人がいるか、手をあげてもらって数える。ほとんど読んでいない生徒がいる一方で、どのクラスにも数人よく読んでいる生徒がいて、反響がある。読書感想文の課題を出す布石でもある。

〔青少年の健全な発達・高校生の自主活動と文化の創造〕

未成年者・飲酒喫煙禁止法という法律がある。一九九六年に子どもの商業的性的搾取に反対する世界会議（スウェーデン）が開かれ、一九九九年には、ＩＬＯ・国際労働機関が条約を採択した。「売春やポルノの製作は最悪な児童労働の形」とある。こうした中で日本政府が批判された。日本もＩＬＯの条約を批准し、児童ポルノ・買春禁止法が制定し施行された。テレビや放送については、青少年の健全な発達のために夜の一定の時間帯には、性の表現や暴力については自主的に規制している。

教育基本法第一条では、「自主的精神に充ちた心身ともに健康な国民」を育てることをのべている。高校時代に様々な自主活動を行うことが大切である。文化祭は文化創造のチャンスだ。石神井高校や前任の保谷高校で先輩たちがつくった素晴らしい作品（展示・ビデオ作品・演劇など）を紹介する。石神井高校の先輩のつくったビデオを上映したこともある。高校時代の文化祭や体育祭は人間形成の上で大きな意義がある。がんばろう。

〔「青年期の課題と読書」を学んだ生徒の感想（二〇〇〇年度）より〕

――青年期っていうのは、たぶん一番難しい時期だと思いました。家族や学校の先生に悩みを話したりする少年や、少女は少ないと思います。そして、その悩みやストレスがたまってそれが犯罪へと変わってしまう。それは、今も昔もあまり変わらないと思います。それにストレスは大人だけにたまるものではないと思います。それと子どもポルノについて私はこういうことをする大人は絶対許せない。子供を物としてしか扱わない。でもこのことを知ったのは授業だったので、もっと新聞を読んで日本の今の現状を見るべきだと思いました。

――青年期の課題と読書をやって、思ったことは、いろいろと考えさせられることが多かったと思う。まず最初に初恋は「いつだったかなあ」と考えてしまった。それから三回目の授業の読書についての授業でも考えさせられた。最近は、ぜんぜん本を読んでいなかった。だけど、授業をうけて、本を読むことはとても良いことだと思って、これからは本を読んでいきたいと思います。プリントで本の紹介をしてくれたので、あの中から、良い本を探して読んでみようと思います。一日一〇分ずつでもいいから、続けて行って、習慣にしたいです。

〔読書の課題〕

「倫理」の授業の課題として、五月下旬（中間試験の代わり）と夏休み明けに提出ということで年間二回、読書感想文の課題を出した。それにとりくむ中で、心を揺さぶられたり、歴史や社会の真実に目を開かせられるような本と出会ってくれたら、と思う。「青年期の課題と読書」という単元で、動機づけもしている。嫌がる生徒もいるが、以下は多くの生徒たちが読んで、よかったといってくれた本のタイトルである。『アンネの日記』・『一九四五年八月六日』・『東京大空襲』・『豊かさのゆくえ』・『戦争と沖縄』『ごみから地球を考える』・『メイドイン東南アジア』・『東京が燃えた日』『悪魔の飽食』

テレビやオーディオ文化にどっぷりつかっている生徒達にすぐ純文学というのも入りにくいので、まずすぐれた児童文学でも読んでくれたらと思っている。次は二年生が児童文学をどれくらい読んでいるかを調査した結果である。私が作成した「世界児童文学四五選」から読んだ人数の多いベスト二〇である。一冊も読んだ本がないという生徒は三五人（約二八〇人中）いたが、まずこのような読みやすい本からでも読書による感動の体験をもちたいものである。

世界児童文学45選（立川選）

日本では児童文学のやさしいダイジェスト版が氾濫《はんらん》している。「児童文学」と言われていても原作はとても深く内容が豊かである。高校生や大人になって読んではじめて、その作品を十分深く味わうことができる。ダイジェスト版しか読んでいなかったら、是非原作を読んでみよう。

なお、書名冒頭の○印は「特選」19点である。また【 】内の数字は、1996年5月、都立石神井高校2年生約280人を対象にしたアンケートで「これまでに読んだ本」をあげてもらった調査結果とその順位である。

■イギリス

1719　『ロビンソン・クルーソー』デフォー（岩波少年文庫）　【16人17位】

1843　『クリスマス・キャロル』ディケンズ（岩波少年文庫）　【28人12位】

1872　『フランダースの犬』ウィーダ（岩波少年文庫）

1877　『黒馬物語』シュウエル（岩波少年文庫）

1883　『宝島』スチーブンソン（岩波少年文庫）　【24人14位】

1892　『シャーロック・ホウムズの冒険』ドイル（岩波少年文庫）　【49人6位】

1902　『砂の妖精』ネズビット（福音館）

1908　『たのしい川べ』グレーアム（岩波書店）

1933　『ジャングル・ブック』キップリング（偕成社文庫）

1939　『とぶ船』ルイス（岩波書店）

1947　『人形の家』ゴッデン（岩波少年文庫）

1969　『アーノルドのはげしい夏』タウンゼンド（岩波書店）

■アメリカ

1852　『アンクル・トムの小屋』（全2冊）ストウ（岩波少年文庫）

1869 『若草物語』〈4人の姉妹・全2冊〉）オルコット（岩波少年文庫） 【50人5位】
1876 『トム・ソーヤーの冒険』マーク・トウェイン（岩波少年文庫） 【65人2位】
1883 『ロビンフッドのゆかいな冒険』（全2冊）パイル（岩波少年文庫）
1885 『ハックルベリー・フィンの冒険』（全2冊）マーク・トウェイン（岩波文庫）
1888 ○『小公女』バーネット（岩波少年文庫） 【26人13位】
1898 ○『シートン動物記』〈全3冊〉（カナダ）シートン（偕成社文庫） 【43人7位】
1903 ○『野生の呼び声』ジャック・ロンドン（新潮文庫）
1908 ○『赤毛のアン』（カナダ）モンゴメリー（新潮文庫） 【69人1位】
1911 ○『秘密の花園』〈全2冊〉バーネット（岩波少年文庫） 【32人10位】
1912 ○『あしながおじさん』ウェブスター（岩波少年文庫） 【62人4位】
1919 ○『名犬ラッド』ターヒューン（岩波文庫）
1920 ○『ドリトル先生アフリカゆき』ロフティング（岩波少年文庫）
1922 ○『ドリトル先生航海記』ロフティング（岩波少年文庫） 【16人17位】
1939 ○『名犬ラッシー』エリク・ナイト（偕成社文庫）
1941 『大草原の小さな町』ワイルダー（岩波少年文庫）
1967 『クローディアの秘密』カニグズバーク（岩波少年文庫）
1972 『カレンの日記』ブルーム（偕成社）

■フランス

1862 ○『レ・ミゼラブル』〈全 2 冊〉ユゴー（福音館）

1872 ○『海底二万里』〈全 2 冊〉ヴェルヌ（岩波少年文庫）　【17 人 14 位】

1873　『80 日間世界一周』ヴェルヌ（角川文庫）

1877　『神秘の島』〈全 2 冊〉ヴェルヌ（福音館）

1878　『家なき子』マロ　（河出書房）

1888 ○『十五少年漂流記』ヴェルヌ（新潮文庫）　【64 人 3 位】

■ドイツ

1933 ○『飛ぶ教室』ケストナー（岩波書店）

1947 ○『アンネの日記』アンネ・フランク（文春文庫）　【43 人 7 位】

1949 ○『ふたりのロッテ』ケストナー（岩波少年文庫）　【17 人 15 位】

1955　『オオカミに冬なし』〈全 2 冊〉リュートゲン（岩波少年文庫）

1973 ○『モモ』エンデ（岩波書店）　【42 人 9 位】

■その他の国

1881 ○『ハイジ』〈全 2 冊〉（スイス）ヨハンナ・スピリ（岩波少年文庫）　【14 人 20 位】

1886 ○『クオレ』〈全 2 冊〉（イタリア）アミーチス（岩波少年文庫）

1946　『森は生きている』（ロシア）マルシャーク（岩波少年文庫）　【16 人 17 位】

1951 『ヴィーチャと学校友だち』（ロシア）ノーソフ（岩波少年文庫）

高校生のための日本文学入門 26 選（立川選）

1905 『吾輩は猫である』夏目漱石
1906 『坊ちゃん』夏目漱石
1906 『破戒』島崎藤村
1909 『田舎教師』田山花袋
1914 『こころ』夏目漱石
1916 『或る女』有島武郎
1924 『伸子』宮本百合子
1928 『1928 年 3 月 15 日』小林多喜二
1929 『蟹工船』小林多喜二
1936 『いのちの初夜』北條民雄（角川文庫）
1937 『路傍の石』山本有三（新潮文庫）
1937 『若い人』石坂洋二郎（新潮文庫）
1948 『ビルマの竪琴』竹山道雄（偕成社文庫）
1952 『二十四の瞳』壷井栄（新潮文庫）
1952 『原爆詩集』峠三吉

1954『次郎物語』下山湖人（新潮文庫）
1954『夜あけ明あけ』住井すゑ（新潮文庫）
1962『しろばんば』井上靖（新潮文庫）
1965『黒い雨』井伏鱒二（新潮文庫）
1965『肥後の石工』今西祐行（岩波少年文庫）
1966『沈黙』遠藤周作（新潮文庫）
1969『ぼくがぼくであること』山中恒（角川文庫）
1974『兎の目』灰谷健次郎（角川文庫）
1978『太陽の子』灰谷健二郎（新潮文庫）（角川文庫）
1982『羊をめぐる冒険』村上春樹（講談社文庫）
1992『火車』宮部みゆき（新潮文庫）

『地球の未来はショッキング』（高榎堯・岩波ジュニア新書）を読んで——田中美樹

環境問題といっても、今まで表面的なものしか知らないで、わかっていたつもりの自分が恥ずかしかった。もっとちゃんと知識的なことを知っていればと後悔したほどだ。そのぐらい、今回私は深く考えさせられたのである。まず最初に、私達の身近なところから、環境問題が発生しているのは、みなさんも知っての通りである。私は「身近」という言葉の点からこの問題に視点をおいた。

例えば、日常的に使われるトイレットペイパーや牛乳パック、コンビニのお弁当についていたり、お店で出される割りばしなどである。これらは森林伐採につながる重要なポイントだ。しかし、この知識を得ることによって、トイレットペーパーを少しずつ使ったり、牛乳パックを回収したり、割りばしの使い捨てをやめる人間が果たして増えたりするのだろうか。いや、このぐらいの知識なら誰もがもっていると言えよう。なのに、自ら進んでできることからでも（ちょっとしたことからでも）やろうとする人間が少ないのはなぜなのだろうか。それは、地球が危機にひんしているというのに、あまり実感がなく、深く考えていない人間が多いという現状だからなのである。この地球の危機を大きな問題としてとらえなければならない、というところまで発展しているというのに。

それは、熱帯雨林の破壊によって、そこに住む動植物の種が減少し、そしてそのスピードが、過去の地質学的な時間に比べて異常に速い、と科学者たちを驚かせている。その動植物は五〇〇万種も生息しているといわれている。その数は地球上の生物の総数の五〇パーセントにもなり、それらは一〇数億年前に地上に生命が誕生してから長い時間がかかって生まれてきた貴重な遺産で、それらがもっている遺伝子は将来、食用の作物を改良したりする大事な資源となる。

それから熱帯雨林はたくさんの種類の穀物や香辛料、薬草の原産地にもなっている。コーヒーや茶、カカオ、バナナ、ナス、レモン、オレンジ、グレープフルーツ、ピーナッツ、パイナップル、米、こしょう、バニラなどがそうです。それればかりか抗がん物質を含んでいると分かっている植物三千種のうちの七〇パーセントが、熱帯雨林の中から発見されている。

そんな人間にとってもっとも重要である熱帯雨林は、総面積約一九〇〇万平方キロもある。しかし世界では今、毎年、その熱帯雨林が七六〇〇平方キロから一〇万平方キロ失われている。つまり、少なくとも二五〇年で全てなくなってしまうのだ。しかも、いったん破壊されると、もとの状態に戻るのに二〇〇年から三〇〇年、土の質の悪い所では三〇〇年から一〇〇〇年もかかるのではないかと推定されている。それから熱帯雨林の消失は生態系が乱れて土砂崩れや洪水、大事な土地の浸食といったような自然災害にもつながってしまい、さらには砂漠化が起こりうる現象にもおち入ってしまうのだ。ここまで最悪の事態に追いつめられているというのに、丸太の輸出が増えているという現状だ。

現代人は昔の人と考え方が変わってきているのだ。昔は必要な分だけの原料をとっていたというのに、現代人は必要以上にとれるだけ原料をとっている。しかし、考えが変わったとか、そんな理由ではすまされない状況なのだ。それを少しでも改善していくために、人間はわかろうとする心、つまり個人、個人が自分の意識をかえていかなければならない。それが人間として地球を守るために次の世代の私たちが与えられた義務なのである。

『東京が燃えた日』(早乙女勝元・岩波ジュニア新書)を読んで――――M・H

三月一〇日――残念ながら、私にも何の日だったのか、すぐに連想することはできなかった。

一九四五年三月一〇日「東京大空襲」だ。

この『東京が燃えた日』で主に書かれている過去の大惨事の一つである。当事著者は一三歳だった。といったこともあり、全体の話の流れはまだ年若い子供達、もしくは話の中でいわれる「少国民」が中心だ。自分も今現在「彼ら」に年が近い所為（せい）か、遠かった「戦争時代」の事がより深く、より鮮明に印象づけられ、気持ちのみが引き込まれていった。

たかが文章での表現と言えども、やはり実際の出来事。今とは違う時代の生活様式及び、自分自身体験したこともない生命の危機状況さえもが、ただ伝わってくるようだった。その著者、または著者と同じ時代を同じ場所で、同じ経験をして生きた人達の体験談を読んでいて、私は二つ程印象に残ることがあった。無論、ただ数度読み返しただけのつたない一個人の感想でもあるのだが。

一つは、やはり想像を遥かに超えていた壮絶さや悲愴感。

「空襲」とは一般的に「飛行機で空中から攻めること」を指す（講談社国語辞典新版より）。戦争とは決して訓練された兵士どうしがサシで勝負するのではない。戦略や力がものを言い、国中を巻き込むものだ。察せられるように、上空の戦闘機一機対地上の一般市民（しかも女子供が大多数）ではお世辞にも一対一で対等だとは言いづらい。いや、言えないだろう。例により、過去幾度の空襲でも対戦するどころか、上からの雨あられに為す術なく「受けて」いたに過ぎない。果たして「上にいる人」にとって兵器を投下し、結果としての殺人行為は、どれだけの意識を持たせているのだろうか。血みどろ戦争のよりもむしろこういった形の戦争が最も恐ろしく思った。

雨のように降ってくる焼夷弾。見る限り紅一色の視界。当時の状況の表現全てから感じられはしても、想像するに、ただ「すごい状況下」であったとしか私には分からない。皆が皆同じことを願っていただろう。「早く夜が明けてほしい」と。誰もがいつになれば終わるのかさえ知らぬ長い炎の一夜を、死とその苦しみを恐れ、走り抜けていたであろう。

これが決して「物語」ではないという証明か。待ったも、情けもあり得ない。当たり前のことだが、私はその事実にさえ時折眩暈を覚えた。思うに、「様々な死の要因」全てから切り抜けた人間、つまり生き延びる事の出来た人間とは、ただひたすら「運が良かった」。むしろそれ以外の理由では推測できなかった。

その二「子供」。または、小題にもあるように「少国民」と「神風」。

末期の戦争下で、特に無理を強いられたのは、「子供」だと思う。「殺すか殺されるか」などと国(軍)の思うがまま教育され、国に尽くすことを「尊牲」とまで教えられた事の何処が正当であろうか。その純粋さ故に、吹くとも吹かぬとも限らぬ「神風」を信じ、いつの間にか意図的に意味をすり替えられた「神風」に自ら成り代わり戦いに身を投じていった少年、少女達が痛ましく思える。子供とはいえ、傍観者ではいられない。小さいながらも「お国」に尽くせと言われた「少国民」は、それだけではない。本文中では著者を含め、多数の子供たちの姿が登場する。その中にはまだ年端もいかない、果たしてそれが、「人生」と呼べるのかさえ定かではない子もいた。ここですべてを述べるわけにはいかないが、その理不尽さには怒りを感じ、次の人生こそ幸せであれと願わざるを得ないのだ。

大変恥かしいのだが、自分自身この一六年と半、戦争に関する書物を読もうとは滅多にしない人間だった。つまり一般教育での歴史の一知識として、今まで「物語」のようにとらえていたのだと思う。それは、自分の今の現状では決してあり得ぬことだから。人と人が殺し合うという状況描写から逃げたかったから。そして、どの写真資料も白黒だから（笑）。しかし知ること自体が、現代を生きる自身にとってこそ必要なことであり、思慮の対象として表現化しているのは紛れもなく事実である。

一概には言い表せないが、一つに、人々の感情の交錯が見受けられる事。「東京大空襲」と呼ばれる夜。その一夜限りで一〇万人の命が失われた。おそらくその一〇万人にも「親しい人」がいたのだと思う。ようやく生きて夜明けをむかえたとしても、誰もが皆、他人の死に際に直面していたであろう。「残された者」の悲しみとでも書こうか。多くの人が不本意に、かつ苦しみから逃れる為に死んでいった。しかしながら、それは残された者にとっても無念なのだ。

本文中で、この話が一番印象に残っている「敦子よ涼子よ輝一よ」。前の二人は生後八ヶ月の双子の女の子、もう一人は四歳の男の子である。文章は、その三人の母親によって記録されている。私が印象に残ったのは、わずか四歳の輝一が苦しげに言う言葉。「熱いよ。赤ちゃん（妹二人）もっと熱いだろうね。大丈夫?」「赤ちゃん大丈夫ならいいんだ。どこへもやらないでね」。確かにこの少年は、年齢から言っても、完全に守ってもらう立場だ。が、しかし、自分自身苦しい状況にも関わらず、彼が言った気遣いの言葉は心に響くものがあった。

こういった話もある。この時、「国」と「国民」には厚い壁があった。当時情報当事者だった人は「つらい日だった」と言う。「防火ニ努メラレタシ」「軍官民ノ敢闘ヲ望ム」などではなく「早く逃げろ」

と気持ちとして言いたかった。私までもがはがゆい思いがした。たとえ結果で、その放送が流れなかったとしても。

何故に、これ程までの事が行われたのだろう。怒りの対象を誰それに向けるのではないが、私は問いたい。この本によって知り得たことを。人が人を利用した。正しい行動も、判断さえも不能だった。国が時代が、何かに向けて暴走していた。しかし無視されはしたが、人としての心が死んだわけではなかったと思う。

このように（始まりは損得勘定からかもしれないが）歴史的事実にはそれの裏付けとなる、もしくは影の様々な場所、個人の思いやり、葛藤—つまり感情の交錯がある。その、埋められた部分に目を向けたい。人として、同じく生きている者として、在ってほしいと思うものがある。これは常に基であり、決定的なものであるから。だからこそ私自身に重大な資料となるのだ。

『悪魔の飽食』（森村誠一・角川文庫）を読んで

田村直子

人というものは、いつ何時でも人であり得るだろうか……否、それはＮＯだ。人は追いつめられたり、ある種の環境におかれることによって、その人間性を失ってゆく。ある環境というのは、戦争のことである。戦争という環境が、人という存在をどのように変質させるか、それは過去何百何千と繰り返されてきた人間の戦争の歴史をみれば、人目で分かるのではないだろうか。

戦争というものに対して、「怖い」「悲惨」「かわいそう」……そんな言葉を軽々しく口にする人々がいるが、その人たちは戦争が決して過去だけの出来事ではないことに気付いているだろうか。そしてこんな事を言っている私でさえも、戦争の裏側にあったおそるべき真実を何ひとつとして知ってはいなかったのだ。私はいかに自分が戦争というものに対して無感覚だったか、そして無責任であったかをこの『悪魔の飽食』を読みながら強く実感したのだった。

第七三一部隊……そんな部隊があったことを、私はどこかで聞いたことがあった。戦争に関したテレビ番組だった気もするが、よくは覚えていない。ただその名前を聞いた時は、それほど印象には残らなかった。まさか細菌兵器部隊だとは思いもよらない事だった。

高校生に七三一部隊と聞いて、その実態を知っている人は多くはいないだろう。戦後生まれの私たちにとって、戦争というのは別次元のことである。いちいち好んで知りたがる人も少ないだろう。しかし、戦争はこの世界で、この地球上で実際に行われたことだというのを実感するために、私はあえてこの本を選んだ。課題であるというのは、この本を手にするひとつのきっかけではあったが、読んでみると、課題という意識だけでは読めないと思った。内容の凄惨さ、残虐さに加え、この本が題材として選ばれていることの意味の深さがとても大きなものだということに、はっきり気づかされたからである。

戦争という悪夢のステージで、人が人でなくなり、また人であることを強制的にやめさせられる。そんな信じがたい戦争の魔力によって、この七三一の悲劇は起こされた。私たちの頭では想像することさえ困難な生体実験は、日本が戦争に勝利するためという目的で行われた。しかし、勝つための戦争に善悪はない。マルタと呼ばれた中国人、ロシア人、そして数多くの人々が日本が勝つ、ただそれだけのために、その命を「モルモット」としてチフスやコレラ、ペストなどに冒され、奪われていった。そして私が最も驚き、信じ難く思ったのは、日本軍はそれらのことに何の抵抗も罪悪感も感じていなかったという事実だ。「祖国のために、マルタを実験材料にしてどこが悪い」。そんな理屈が、当時の日本軍には当然のこととしてまかり通っていた。侵略していった国で市民を捕らえ、実験材料（マルタはあくまで材料であった）として殺し続け、祖国のためだと胸を張るのが、七三一部隊における日本軍の正義であった。「日本は世界で一番優秀であり、日本が世界を支配するためのこの戦争はまさに聖戦である」あまりに愚かで哀しい当時の日本のこの言葉を、私は忘れられない。たしかに、その言葉こそ、当時の日本を支える最高の真実だったに違いない。けれど、その言葉を正当化するために、あれほどまでに犠牲が必要だったのだろうか。他国の罪もない人々をあのように虐殺することで、本当に日本はあの言葉に真実を得られただろうか。

日本のしてきた事が、「人道的」に見て悪いことだというのは誰もが分かっている。しかし、当時の人々を責める事はできない。最初にも書いたが、戦争がはじまると、人は人でなくなってしまう。その時犯した罪を、人道的に間違っていたからといって裁くことはできない。彼らはその時、人であることすら許されなかったのだ。

この戦争について深く知るにつれ、不思議で哀しいと私は思った。この戦争で日本がつけた爪跡は、今なお各地に残っている。五〇年前終わったとされた戦争は、まだ終わっていないのである。従軍慰安婦、残留孤児、そして表にこそ出ないこの七三一……。すべてが終わるのは、まだまだ先である。どんなに償っても、贖えない罪もたくさんある。すべてが許され、終わる時など、永遠にこないかもしれない。日本がこの戦争でしてきたことは、未来永劫消えることはないのだから。しかしだからこそ、罪の償いをする時代が来て生まれた私たちが、戦争のことを知るのは、本当ならば義務だと思う。残念なことに、それが逆の方向へもみ消されようとしているのも事実ではあるが、戦争を生きた人々が今こそ戦争の真実を知って、この過ちを繰り返さないためにと私たちに残そうとしてくれているものを、私たちはひとつも取り残してはならないんだ、それらを胸に刻みこんで成長していくべきなんだと、あらためて強く思う。戦争が残したものは、きっと哀しみと怒り、傷だけではないということを、私たちが示すべき時がいつか来ると、そう思う。そうなった時、私たちは、戦争から何を学んだのか、はっきりと口に出して言えなくてはならないのだ。

「戦争は人としての尊厳を奪い、悪魔へと変えた恐ろしい麻薬である」と。

三　二分間スピーチで友達を再発見する

石神井高校に来てから毎年三分間スピーチをやってきた。二分三〇秒をきったらやり直し、などと言ってやってきたが、三分間話すのは大変だ、という声も多いので、一九九九年度の途中から、二分間スピーチに変更した。この授業の目的・ねらいは、①クラスの一人一人の生活や考え、趣味、意見などを互いに理解しあう。②みんなの前でまとまったことがきちんと話せる力をつける。③日本の社会や世界のことについて考える、である。スピーチのテーマは何でも自由にやってよいが、①生活の中で考えたこと②自分の趣味や将来への抱負③みんなに言いたいこと④社会問題でいま考えていること、などである。

次のように行っている。①事前に、所定の用紙に原稿を書いておく（八〇〇字弱）。②黒板にスピーチのタイトルと自分の名前を書いてからはじめる。一時間に一〇人ほど。③スピーチが終わったら、みんなは拍手をする。④本日のスピーチの中で自分がコメントをしたい人を二人選んでコメントを書く。⑤コメント用紙を回収し、スピーチをやった順に読みあげる。コメントを二人ずつ書かせると、ほとんどのクラスで全員のコメントが書かれる。

スピーチをやりながら感極まって泣いてしまうことがあったり、意外なスピーチで沸くこともたまにある。しかし､原稿を読み上げる形になってしまう生徒が多い。でも､コメントを読み上げるのは楽しい。どのクラスでも面白いコメントがあり、読み上げると、教室に笑いが広がる。テーマは、社会問題は少なく、身近な生活の中の話題や自分が打ち込んでいること（部活動や趣味、将来への抱負）が多い。

以下は、スピーチのタイトル例と二人のスピーチの紹介である。「携帯電話」「最近思うこと」「五体不満足」「美容師への道」「障害者」「命の大切さ」「児童虐待」「世界が一〇〇人だったら」「戦争と平和」「自分が母親になったら」「私の人生計画」「夢」

ターニング・ポイント

木村宏幸

去年の春からこの石神井高校に入学し、毎日楽しくそして一日一日を大事に過ごしてきました。だけど、もうこの高校での生活は二年生の二学期でちょうど半分になり、ここから高校生活を折り返すことになります。ここで、今までの自分を振り返ってみます。一年生では、体育祭でマスコットと体育祭実行委員（以降体実）をやりました。マスコットでは、ムックを作っていて、ムックが出来上がった時には、皆で協力したからこそこんな大きな物を作れたんだという、充実感、体実では、その名の通り体育祭を実行させるという初めての経験は、とても新鮮味がありました。また、文化祭では、中学校の文化祭とは全く違う新鮮味があり、文化祭実行委員（以降文実）では、体実と同じ様な新鮮味があって、とにかく一年生の時は、テスト休み等何もかもが新鮮味に満ち溢れていました。

二年生では、一年生での経験を生かしていく立場となり、体育祭でまた体実をやる事となり、去年の経験が生きて、ササッと行動することが出来ました。当日、マスコやマスゲや援団の人が楽しそうにやっていたので、いいなぁと思ったけど、終わってみると、充実感が沸いてきて、体実をやっていて良かったなという気がしました。それから、生徒会の選挙で、副会長に就任できたので良かったです。（中略）

僕は、今をターニング・ポイントとし、今の高校生活を満喫しつつ受験に向かって勉強していきたいです。堅苦しい話でしたが、悪しからず。みなさんも残りの高校生活を楽しんで受験に向かって頑張って下さい。

小島三奈

私は杉並区にある盲人会館に行く機会がありました。そこでは、視覚障害者いわゆる盲人の人たちがマッサージをして働いている。私は昔から盲人の人に興味があった。なぜ、目が見えないのに曲がり角が分かるのか、とか、信号が変わるのが分かるのか、など。私はこの倫理のスピーチにこのことを取りあげようと思いつき、質問してみることにした。

私が話を伺ったのは、山中さんという六五歳の方だった。私は私の質問で答えたくないのがあったら言ってくださいと言ったが、山中さんは、疑問を投げかけられることがうれしいと言ってくれた。山中さんが失明した理由は、二一歳の時、雪の日の昼休みに雪合戦をして仕事仲間と遊んでいたところ、山中さんに向かってきた雪玉が目に当たって砕け散った。白い雪の上に点々とした血が飛んでいた。仕事仲間の一人が、悪ふざけで投げた雪玉の中に銀のナットを芯にしてつくったものが、たまたま命中してしまったらしい。病院に運ばれるまでは少し見えていたが、そのうちにだんだんと見えなくなり、完全に見えなくなってしまった。網膜がひび割れ、七回の手術でも治せなかった。ショックでそれまであった体重も七〇キロから四九キロまで減っていき、生きていく望みがなくなり、その一年間は自殺の手段ばかり考えていたという。その時ラジオから京都にある盲人学校のことを知り、そこでは点字や英語、針、灸、マッサージなどを勉強でき、資格をもらえることを聞いて、なんとか自分の生きていく道を見つけたという。(中略)

私は山中さんが現実を認め、淡々として生きていく姿に感動し、心うたれました。

四　班討論と発表――生徒が活躍できる場をつくる

学期に一～二回、四～五人グループの班討論を行った。教室の座席で近いもの四人を指定して机をきちんとそろえて討論させる。班長が司会をし、記録係と発表者をはじめに決めさせる。討論のあと、発表者が記録をもとにその時間内か、次の時間に全体に発表する。討論のレベルはそんなに高くないが、討論することについては生徒に評判がよくて、「またやりたい」といってくる生徒もいる。自分とは違う考えの人がいることを発見することの意味が大きいと思う。テーマに関する事前の講義はない場合が多いが、行うこともある。自衛隊派遣等の問題では、新聞コピーを配って基本的な事実についての話はする。

二〇〇一年度のテーマと、そこにおける班討論の内容や感想を紹介しよう。

〈第一回〉「今の日本の社会や大人についてどう思うか」班討論と発表をやった感想より

――いろんな人の意見を聞いて、やはり、人それぞれいろいろ考え方があるのだなと思いました。自分もそうだと思ったこともあったし、その反面、それは違うんじゃないかと思うところもありました。「いまの社会や大人が悪い」……たしかにそう思うけど、そればっかりでは、もちろんないと思います。こういった環境の中で、いかに自分をしっかり持っていられるかだと思います。

（同）「一八歳選挙権に賛成か反対か」班討論と発表をやった感想より

――皆の意見を聞いて思ったことを書きます。選挙権に関しては、一八歳の子でも、政治に興味や関心がある人だっていると思う。だから選挙に参加したいと云う若者は、自分で役所などへ行き、手続きをして参加できると云うシステムなどが出来ると良いと思うし、一八歳は、強制じゃなくて、正式には二〇歳から強制したりして、じょじょに若者が政治に目を向ける様にして行けば、きっと良い国・法律を作ることが出来ると思います。

（第二回）「死刑制度を廃止することに、賛成か反対か」班討論のまとめより

H君　死刑賛成。

Y君　賛成。今、死刑反対派が世界的に多いから。

Yさん　賛成。人は皆、平等であるが、殺された側にしてみれば殺した人は、憎いから死刑にして欲しいと願うだろうけど、ただ死ぬだけでは、その人はつぐないをしたかどうか分からない。そしたら、殺された側の人々は、もっと嫌な気持ちになると思うから。

Mさん　その人のした事の重大さは、その人の死と本当につり合っているのだろうか？　そして、死刑によってそういう人を殺していっても、次への犯罪の防止法、解決法にはならないと思う。よって賛成。

H君　いいとも！　悪い事をした人が、ずっと生きているとイライラするから。

Y君　オレには、もう分かんねぇ……。
Yさん　犯罪を起こした人は、何らかのカウンセラーを受けて、人の役に立つようなことをすれば、良いと思うし、生きていれば、つぐなう方法は、いくらでもあるから。賛成派。
Mさん　最近のニュースで、死刑にして欲しくて、犯罪を起こした人もいる。それは、死刑というものを軽く見ていることになる。
反対一人（H君）　賛成三人（Y君・Mさん・Yさん）

〈第三回〉「アメリカはなぜ、テロ攻撃を受けたのか。テロ撲滅のために日本は何をすべきか」討論と発表をやった感想より

――自衛隊派遣は憲法違反だけでなく、自衛隊の家族のことにも関わる重要な問題だ。でも自衛隊の家族は……とかいうけどじゃあなぜ自衛隊に入ったのかとも思う。

――討論会はみんなの意見がきけてヨカッタ。自衛隊を派遣しなくていい!!　と思った。あんまり日本にかかわってほしくない。

――みんなが考えていることを聞けて、自分の考えが深まった。私は戦争も自衛隊の派遣も反対だけど、賛成の人もいて、なかなか複雑だった。世の中は難しいと思った。

――自衛隊派遣に賛成の人が二人しかいないのはびっくりだった。僕的には行かせるのは当然だと思ったが……。今のうち恩を売っていた方がいいんではないか。

――討論の発表を聞いて、反対と賛成の意見がそれぞれ違った意見がでて、みんなはよく考えているんだなあと思った。だから自分もこのニュースについてもっと考えようと思った。

――いろんな人たちの意見をきいて、やっぱり人それぞれとらえ方がちがうなとじっかんした。どんなことがあっても戦争はまずいと私は思う。でもどうすることもできないから、ただみまもってなきゃね。自分の命も大切だから。

五　世界観を視野に入れた西洋思想の学習

ここでは、一九七八年度の武蔵村山東高校での「倫理・社会」の授業から、三つのテーマについて授業のあらすじなどを紹介する

(一)　古代ギリシアの思想

タレスは「哲学の父」といわれる。彼は、万物の根源は「水」であると言った。物質的なものが世界の根源であると考える、唯物論の考え方である。この考え方はデモクリトスによって完成された。彼は、万物はアトムと空虚とからできていると考えた。アトムは今日の原子である。自然科学の見方と一致する。ソクラテスは、人間の精神・魂の独自性に目を向けた。彼はアテナイの青年たちと問答

をしながら、青年たちが魂の問題を自ら発見するのを促した（助産術）。しかし、誤解されて死刑になってしまった。プラトンは、「イデア」についての観念を生み出した。彼は哲学者が統治する理想国家についても論じた。プラトンとデモクリトスは観念論と唯物論として、対立する二つの世界観の源流ともされている。アリストテレスは、プラトンのイデア論を批判し、質料と形相、個物と普遍的なものという独自の世界の見方をまとめあげ、古代ギリシア哲学の集大成をしたとされている。

討論問題（最後に班討論一時間、報告とまとめ一時間、班は男女こみの四名）

①プラトンはイデアこそ真の存在であると考えたが、これについてどう思うか。
②プラトンは魂は不死であると考えたが、これについてどう思うか。
③タレスやデモクリトスなどの唯物論の見方は、世界のもとのものは物質的なものであると考えたが、これについてどう思うか。

①のテーマについての「生徒の討論記録より」（A男・B子・C子・D男の四人の班）

A男　イデアだけでは成り立たないのでは？
B子　上に同じく。
C子　現象でも一時は存在するんだから……。
A男　イデアとは観念であり、恒常、不変、同一が考えられるが思惟がそれを支配しているのではないか、その思惟をもしも頭脳という物質が支配しているのならデモクリトスの唯物論の方が真の存在のようにも思えるがどうか。

C子　同意見、物質とかイデアとかいったって、結局、一時的にしろ存在するんでしょ。つまり、長い歴史から見ればいっしゅんのコトだけど……。

B子　②のもんだいにうつりませんか？

A男　まだいいんじゃない？　脳細胞が物事を考えるという点でイデアが考えられるのではないか？　人間は生まれる以前にはすでにイデアをしっていて思い出すとプラトンは考えたのだろうが、これも脳細胞の働きの結果ではないだろうか、自分がいまこの問題にとりくみ考えるように。

C子　イデアって、一言でこうとはいえないと思うけど、つまり歴史を通じての一つの「テイギ」じゃないかな。たとえば「ハチのイデア」だったらクマンバチもミツバチも、スズメバチもみんなハチでしょう。わかんないのは、その後の「蜜蜂のイデア」ということ、どうなんでしょ？

B子　わたしもよくわかんないけど、プリントに秀円さんとプラトン、デモクリトスの対話が書いてあるでしょ。それにプラトンは、「真の存在は蜜蜂のイデアである」っていってるけど、そしたらこの世に生きてる蜜蜂とかほかのすべてのものは、うその存在になるわけでしょ……けど、現実にあるものがうそなんておかしいとおもうんだけどな……むずかしくってわかんない……。

A男　言えてる、道理だな、無理にはならんよ。現実に存在して活動しているものが虚像にされたらかなわんよ。だいたい虚像がイデアを考えるなんてプラトンのことばが真か偽かなんて考える権利もないじゃない？

C子　賛成、言いたいのは大体そういうことなんだけど、でもイデアの存在もはっきりと否定はできないと思う。大体真の存在ってどういうことか、まだよくわかんないもの。（途中略）

A男　大体意見が一致したようだからまとめてみると、脳（現象）がイデアを支配していてイデアが頭を支配するのではない。故にプラトンのことばは誤りである。したがって考えられるのは唯物論ということになるが、原子が真の存在というよりこれを改めた、生命的な物質、つまり生きた細胞が真の存在だと思う。これによりイデアが成り立つのだと思う。例としては犬が自分の飯のイデアを考えるように（猫もネズミもミツバチ etc）。生きた動物の細胞（頭脳）が真の存在。

内容的にはかなり難しかったかと思われる。約三分の一の生徒が、ある程度歯ごたえのある感想を書いてきた。はじめのうちは、かたい、つまらないという感想がみられたが、だんだんのってきて、プラトンの「イデア」などについての班討論は楽しく（話し合うこと自体が楽しい？）、好評であった。プラトンの原典も読み、かなり哲学的な内容にたちいったこともやったのだが、まず、思想家のことについて学ぶことが楽しい、と興味をおこさせたらよいと考えた。自己紹介の二分間スピーチのことが話題になったが（クラスがえをしたばかり）、「エロス」の説明のときにはピンク・レディのポスターを黒板にはったりした。廊下で生徒に「イデア！」とか、「ミツバチ！」とか声をかけられたりした。プラトンのイデア論はかなりの疑問がで、アリストテレスやデモクリトスに共感する生徒が多かった。

（二）キリスト教の思想

キリスト教のもとになったのは、イスラエル民族の信仰で、モーゼの十戒に示されたユダヤ教である。その中でイエス・キリストが誕生し、三〇歳で自分が神の子であると自覚した。イエスの教えの中心は、「心を尽くし、精神を尽くし、思いを尽くして、神を愛することと、自分を愛するように隣人を愛しなさい」ということである。ソクラテスと同じように、イエスも死刑になってしまった。しかし、三日後に「復活」し、のちに最初の教会が生まれた。ローマ帝国はキリスト教を国教とした。中世のヨーロッパにおいてはキリスト教会は世俗的な権力と結びついて、封建制を思想的に支える役割を果した。

討論問題　①神とは何か、それは存在するか？　②神を信じるか、信じないか？　③イエスの説く愛について、どう思うか？　④宗教というものについて、どう考えるか？

教科書と資料集の「聖書」を中心に授業をし、最後に班討論を行った。自分自身がキリスト教について不勉強であまり熱を入れてやったわけではないのに、年間の最後のアンケートで、女子では、キリスト教が一番多く「ためになった」と答えたのには驚いた。生物や化学・物理などを習って自然や世界について科学的にとらえる目が養われていてよいはずなのに、魂の不死を信じるものが多いことどうからみあうのか。

(三)　近代自然科学とその思想的影響

近世自然科学成立の社会的背景としては、中世社会の中からブルジョワが生まれたことがある。ルネサンスはキリスト教にとらわれず、古代ギリシアの合理的な思想や人間観を復興させようという文化運動であった。こうしたなかで、コペルニクスが登場し、一四〇〇年間もヨーロッパの人々の考えを支配したプトレマイオスの天動説にかわって地動説を説いた。この仮説はケプラーやガリレイによって証明された。ガリレイは望遠鏡を発明し、地動説を理論的に証明するとともに古典力学の基礎をきずいた。そして、ニュートンが古典力学を完成させた。近代自然科学の思想的影響のもとでベーコンやデカルト、また一八世紀のフランス唯物論が生まれた。

〈生徒の感想より〉

――ガリレイ、後世私たちだれもが知っている。「ああ、あの地球が動いていることを立証した人か……」と。でもガリレイがこのように我々の脳裏に焼きつけられるようになったのも、コペルニクスが、「地動説」の根源を作ったためなのである。コペルニクスとガリレイ、二人でもって「地動説」

が出来たといっても過言ではないのだ。だから、コペルニクスの存在について無知な人々にはそれを教えることも大切だろう。知識がより深いものになるから。そして当時の世の中はばかげている。神の信仰によってこの「地動説」が当時にはふいにされていたのだから。「地動説」はキリスト教の信仰には異質だったからだ。真実を信じないのだから。当時のキリスト教主義は絶対的だったと言える。日本で言えばちょうど戦時中の小林多喜二や三木清など反戦容疑で投獄されたのと同じだと思う。ガリレイは命おしくて自分の思想を捨てたけれども……。

教材として使った『大地を動かした人々』(関口直甫・新日本出版社)は中学生にも読めるようにわかりやすく書かれており、カトリック教会とコペルニクス・ガリレイなどとのたたかいが生き生きと描かれている。約半数の生徒が、近代自然科学成立の意義についてある程度歯ごたえのある感想を書いてきた。物理で力学などを学んでも、一般的には与えられたものとして学ぶだけであり、倫社でコペルニクスやガリレイのことを学んで、その意義がよくわかったと、多くの生徒が書いてきた。高校の物理や化学の教科書の叙述は、個々の法則や理論がただ並べられているだけであり、それらがどういう人物によって、どういう歴史的背景のなかで確立されてきたのかについての説明がないものが多いと思う。生徒の感想文がよかったのは、何と言ってもテキスト自体のわかりやすさのためであろう。近代自然科学が近代哲学を生み出し、さらにフランス唯物論などへと発展していった近代思想の一つの大きな流れは簡単に図表で説明し、くわしい内容は省略した。

このあとのテーマは、近代民主主義の思想、科学的社会主義の思想、ファシズムの思想、戦後民主主義の理念である。

（四）父母の戦争体験の聞き書き

西洋思想（史）学習が終わったあと、三学期に実施した。約半数強が提出した（原稿用紙三枚以上）。この中から一一編（母親からの一編、三年の政治・経済でのものも含む）を選んで、印刷屋さんに頼んで、翌年の卒業式の日に『高校生が聞いた父母の戦争体験』（一九八〇年三月）を発行した。なお、二年前にも、墨田川高校定時制のときに『下町の戦争体験』（一九七八年三月）を作った。

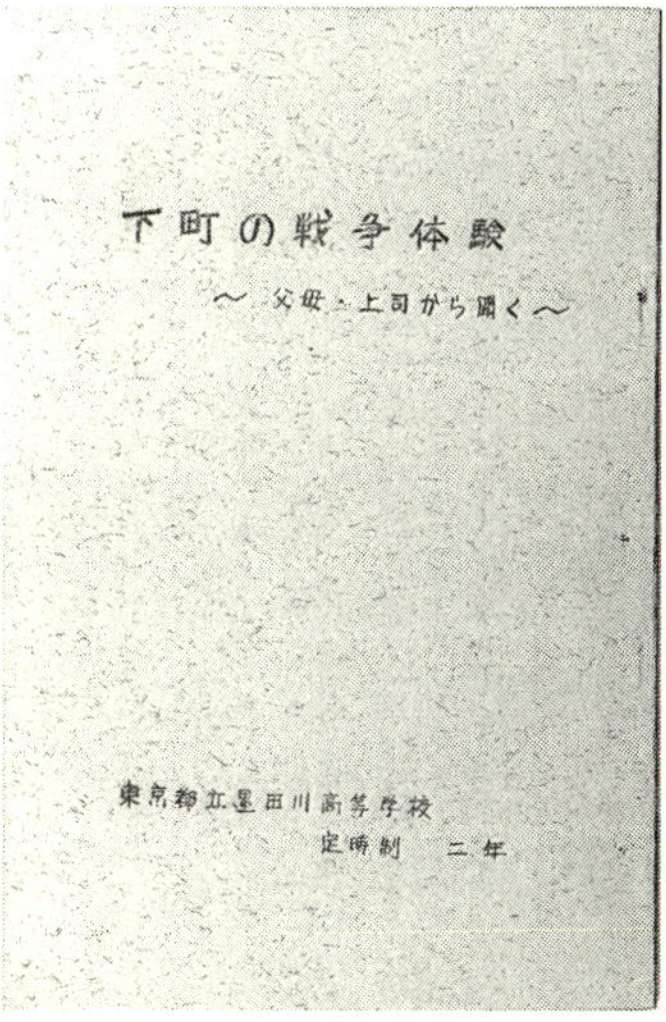

第二章　いろいろな考え方があることを知った
——現代社会の授業での主体的な学習の取り組み

本稿は保谷高校で一〇年間教えた「現代社会」の授業のなかで、生徒たちが、自ら学び考え発表した授業を中心とした報告である。授業の三分の二以上は講義形式である。

一　「現代社会」という科目のメリット・この科目でどんな力をつけるか
——私の観点

「現代社会」のメリット　「現代社会」は一年生なので、高校に入学してはじめての社会の授業であり、新鮮にうけとめてくれる。中学三年で「公民」を学んだばかりで、そこで培った興味や関心を引き続き発展させていくことができる。歴史や地理と違って、身近な現代の日本や世界のことを扱い、新聞なども活用できる。また、受験や教科書にとらわれることなく、しかも週に四時間（年間一三〇時間ほど）もあるので二時間連続でビデオを見たり、グループ研究発表などに十分時間をとることができる。週に四時間生徒と顔をあわせるので、担任よりも密な場合もある。一年間の終わりごろにはだいいたい生徒の名前が覚わる。副担任でありながら三月に花束をもらったり、最後の授業で後ろの黒板に大きく「We love Shuen」と書かれたこともあった。

どんな力をつけるか

「現代社会」は将来社会の主権者となっていくための、現代の日本社会について学ぶ、高校での最初で最後の機会である。三年の「政治・経済」選択者は一部の人たちだけである。そこで、現代日本社会の重要なテーマにたっぷり時間をかけて考えさせるために、「心理学」「思想」「文化」などの部分はやらない。新聞を読み「自ら学ぶ」ことなど将来、日本社会の主権者となっていくための、基本的な資質を養いたい。そのためにも、ただ講義を聞くだけでなく、自ら調べ、まとめ、書き、発表―表現したりする機会をできるだけつくって力をつける。

保谷高校での必修の日本史や世界史は（当時）近代のはじめごろまでしかすすまないので、現代の日本社会を学ぶ前提として「一五年戦争」について授業や読書の課題などで学ばせる。日本国憲法・日米安保条約とその現実の諸問題についてはできるだけ時間をとり、しっかり学ばせる。そのさい「戦後史」の基本的な流れ・事実をしっかりおさえる。日本の政治の大きな焦点となっている問題はディベートなども取り入れ、考えさせることにした。

一年間の授業のテーマと主な内容は以下の通りである。

（一）青年期の課題　この中で文学作品を含め本を紹介し、読書の重要性も説く。

（二）日本国憲法と現代の人権問題　憲法の基本的な条文を覚えさせる（テストでも出題）とともに、新聞でとりあげられた最近の人権裁判の事例を紹介する。教科書裁判もとりあげた。

（三）国民主権と象徴天皇制　教科書ではあまりふれられていないが、五・六時間使い、「日の丸・君が代」問題もディベートをやることも含めここで扱った。

（四）国民主権と議会制民主主義　教科書的な政治のしくみは中学でやっているので、選挙制度や小選挙区制導入問題などをくわしくやった。

（五）一五年戦争を考える　「中国侵略」や「日中戦争」などのビデオも活用しながら、大日本帝国憲法体制・戦前の教育・治安維持法と日本の軍国主義化・日本のアジア侵略などについて学ぶ。また「戦争に反対した人々」（山本宣治・小林多喜二・坂口喜一郎）の平和教育ビデオも見せた。

（六）平和主義と日米安保条約　日本国憲法の前文は、きたがわてつの歌のＣＤも聞かせたりしながら学ぶ。日米安保条約については「ベトナム戦争」のビデオも活用し、歴史的な事実もおさえながら主な条文を学ぶ。

（七）平和主義と自衛隊　自衛隊の歴史・自衛隊法・自衛隊員の生活も含めその実態・日米共同作戦・ＰＫＯなど。ＰＫＯについてはディベートでもとりあげた。

（八）核兵器廃絶をめざして　保谷高校では修学旅行で毎年広島へ行っていたので、事前学習もかねて学ぶ。「はだしのゲン」などのビデオも鑑賞する。

（九）日本経済の現状と課題　経済学習は年間の流れのどこに入れるか年により変わったりしたが、理論的・歴史的な部分では「十五年戦争」の学習と関連づけて、「レモンをお金にかえる法」―資本主義経済のしくみ―日本における資本主義の発展という流れで行った。資本がどのようにし

戦後日本社会の原点を学ぶ・「現代社会」教材化の基礎資料

1　一五年戦争と戦前の日本社会

(1) 1931.9 ～ 1945.8……十五年戦争の経過を追って

(2) 加害者としての日本　　(3)　被害者としての日本

(4) ヒロシマ・ナガサキの原爆被害はどのようなものだったか

(5) 戦争をなぜ阻止できなかったのか―戦前の政治のしくみ

大日本帝国憲法による政治のしくみ、天皇の軍隊、治安維持法など国民弾圧のしくみ、国家総動員法、大政翼賛会、産業報国会

戦争によって誰が利益を得たのか―資本主義の発展と財閥、戦争に反対した人々

2　第二次世界大戦はどういう戦争だったか

■ファシズム・軍国主義の枢軸国＝日本、ドイツ、イタリア、ブルガリア、フィンランド、ハンガリー、ルーマニア、スロバキア、タイ（９カ国）
□反ファシズム・民主主義の連合国＝アメリカ、イギリス、中華民国、ソ連、フランス、オランダ、カナダ、オーストラリア、ニュージーランド、インド、フィリピン《以上、極東委員会メンバー》他（51 カ国）
○ヨーロッパの中立国＝スイス、スウェーデン、エール（アイルランド）、スペイン、ポルトガル（５カ国）

《国際連盟加盟国は 60 ヵ国》

3　第二次世界大戦で亡くなった人々（合計５，６４５万人）

1》ヨーロッパ→ソ連 1,800（万人）・ポーランド 580・ドイツ 430・フランス 56・イギリス 46・イタリア 40・アメリカ 30 など

2》アジア→中国 1,300・インド 350・インドネシア 200・ベトナム 200・フィリピン 105・朝鮮 20・ビルマ５など、

合計 1882 万人（この地域の人口＝５億 9000 万人）

4　戦後民主改革―日本の「民主革命」

ポツダム宣言と五大改革指令、政治の民主化、労働運動・農民運動の高揚と経済改革、戦争犯罪人はどう処罰されたか―公職追放と東京裁判

日本国憲法はどのようにして生まれたか（日本政府・日本国民・アメリカ・極東委員会）

5　戦後、世界はどう変わったか（社会主義陣営の拡大・民族解放運動の発展）

米ソ冷戦体制の成立―アメリカのソ連封じ込め政策。中国革命の発展

6　占領政策の転換―「逆コース」。日本を「アジアのスイス」からアメリカのパートナー（同盟国）へ

マッカーサーの「共産主義は歓迎しない」、２．１ゼネストの禁止。ロイアル演説。政令 201 号。

7　日米安保体制の成立

レッド・パージと追放解除。朝鮮戦争の勃発。警察予備隊から保安隊へ。サンフランシスコ講和条約と日米安全保障条約（1951 年同時調印）。日ソ国交回復と国連加盟（1956 年）

（参考文献『アジア太平洋戦争から何を学ぶか』歴史教育者協議会編・青木書店、他）

て利潤を生みだすかということについて、レモネードをつくって販売し、お金をもうけるという想定で計算問題もやらせる。剰余価値という言葉は使わず付加価値・賃金・利潤ということで説明する。

二　グループ研究発表（一九八四年度〜一九八九年度）

保谷高校に赴任した最初の年から、現代社会を担当する同僚の二人の教師とともに方法はそれぞれ違っても、グループ研究発表をやってきた。私の場合は授業の流れともできるだけ結びつけながら、四〜五人でグループをつくり一時間与えて発表をしてもらった（年間約一〇〜一一時間）。一学期の間に一〇〜一二ほどのテーマをこちらで示して、メンバーもテーマ選択も生徒の希望を聞いて決めた。ただしテーマは重複しないように調整した。事前指導は、はじめの二〜三年はグループのメンバーを呼んだりしてやっていたが、その後やめてまかせてしまった（手抜き）。テーマによってはできるだけ足を運んで調査などをしてくることをすすめた。発表当日は、各グループともB四のプリント三〜四枚を印刷・配布して発表した。以下は主なテーマと具体的な発表内容や生徒の動きである。年度によって若干異なっている。（　）内のなげかけは保存してあった一九八八年度のプリントに書いてあったものである。

日本の侵略～朝鮮・中国・東南アジアに対して（日本軍はアジアの人々にどのようなことをしたのか）……中国侵略・南京大虐殺・七三一部隊など、写真を入れたりする班も多い。生徒は本を読んで大きなショックをうけ、それを教室で一生懸命発表していた。

原爆と被爆者（原子爆弾は広島市民にどんな被害を与えたか、投下の理由は）と、

核兵器と軍縮（核兵器はどういう威力をもっているか。日本では？）……生徒はやはり本を読んでショックをうけるとともに、核兵器をめぐる世界の現状についてプリントにまとめた。

現代の差別（現代の日本にはどんな差別があるのか）……働いている母親に職場などでの差別の実態を聞いた生徒もいた。小平の朝鮮大学校へ生徒とともに訪れ、先生や大学生の話を聞いたり、その中にある自然博物館を見学したこともある。（二回）

横田基地……生徒をマイカーにのせて、基地の実態を見に行ったことも二回ある。そのうち一回は訴訟団の福本竜三さんのお宅を突然たずねたところ、中に入れてくださり、なぜ裁判をやっているのかなどについて一時間ほど話していただいた。その上空をキーンと轟音をとどろかせて軍用機が飛んだ。

日米安保条約（日米安保条約はどういう条約か、在日米軍の実態は）……生徒は本を調べて発表したが、いい本が図書館になかったこともあり、一般的にむずかしかったようだ。ここは授業での学習が中心とならざるをえない。

憲法第九条と自衛隊（自衛隊の実態はどうなっているか。憲法との関連は。）……軍隊としての自

衛隊員の生活実態のところは、多くの生徒が心を動かされたようだ。

日本の大企業……このテーマは調べにくいこともあり、選ぶ班は少なかった。(五年間のうち六～七班)

中小企業問題……保谷高校の近くに一〇人ほどの従業員で何かの部品をつくっている会社があったので、生徒と訪問し、零細企業で技術改善がなかなかできないことなどの話を聞いた。

日本の農業……学校の近所の農家を生徒と訪れ、兼業農家でキャベツなどの野菜づくりの苦労や、経営の実態などの話を聞いた(二回)。四角い大きな焼き餅をごちそうになりながら話を聞いたのも良い思い出となった。

現代日本の労働……これは大切なテーマだが、やりにくいせいか希望者が少なく、印象に残る発表もあまりなかった。

この他に取り上げたテーマは、太平洋戦争と日本、東京大空襲、沖縄戦、東京の問題、社会主義、日本の政党などである。歴史の事実や基本的な知識を与えるために、読みやすい岩波ジュニア新書や東研出版の「高校生のための現代社会」シリーズなどを必読図書として紹介した。

成果　生徒が自ら、調べ、プリントにまとめ、発表するなかで確実に一定の力がついてきたと思われる。発表の多くがプリントを読むようになってしまうのは残念だが。

三　「現代社会新聞」づくり（一九九〇年度〜一九九三年度）

グループ研究発表に変わって、「現代社会新聞」づくりと三分間スピーチを行うようになった。

方法：四〜五人一組で順番に一組ずつＢ四一枚・五段組の「現代社会新聞」をつくる。最近の新聞から、政治・経済・社会の重要記事やみんなに読ませたい記事、高校生として知っておいた方がよいと思われる記事を選んで、わかりやすく、また読みやすいように紙面を工夫して新聞をつくる。ただし、新聞の一面から二つは記事を入れる。またださか一人の責任で（二人で相談してもよい）「私の主張」四〇〇字程度も必ず入れるようにする（記事には関係なくてもよい）。毎週の定例の曜日、私の授業の前に配布し、みんなの前でよくわかるように説明し、解説する（一〇分〜二〇分間）。

生徒の受けとめ　発表はほとんど読み上げるようになってしまうが、以下の感想文などにあるように、多くの生徒がこれをやってよかったと言ってくれた。

評価の基準は、以下のように示したが、実際にはまったく評価にはいれなかった。

（一）紙面が美しく、センスがよく、読みやすいか　（二）記事の選択が高校生らしいか

（三）　発表がわかりやすく、みんながよく聞いてくれたか

一九九二年度・一年五組の現代社会新聞の記事・見出しのはじめの二つを紹介する。

1号（五・七）国家公務員五月二日から完全週休二日制、高齢者世帯の伸び、過去最高
2号（五・八）ＰＫＯ自衛隊派遣承認六八％が容認、「労働時間」比較日本VS旧西独
3号（五・一一）ＰＫＯ法案賛否は？　全国で「私の一票」、ペルー労働者に「山田君」日本名の通
称強制
4号（六・五）地球サミットが開幕、この通り米国車買ってます
5号（六・一二）ＰＫＯ法案社党、反発し退席、外相サミット出席を断念
6号（六・二二）ＰＫＯ法案一六日までに成立へ、戦略核三分の一に削減
7号（六・二九）生活大国五カ年計画「地球社会との共存をめざして」、通常兵器を輸出規制
8号（一〇・一九）南極オゾン異常破壊・昭和基地上空成層圏濃密部でゼロ観測、ＰＫＯ本隊出発
カンボジアへ三七六人
9号（一〇・三〇）竹下氏釈明・政倫審で首相・幹事長が方針、「絹の道」続く西方を望む＝西安
で両陛下＝
10号（一一・六）米大統領にクリントン氏圧勝！　フロン「来年末二五％に削減」
11号（一一・二〇）景気引き続き減速感、ボジョレ・不況にのまれる
12号（一一・二七）安保理改組求め決議案・国連、日本も加わり提出、体罰に対して生徒が「運動」
学校側謝罪
13号（一月二二日）米英仏軍・北部にも、釧路沖地震・死者二人負傷三六八人

3組

現代社会新聞

田中，清水(方)
富山，佐藤，定松
7月21日　13号　5班

十勝ワイン地震が直撃

北海道東部を襲った釧路沖地震は，内陸部の，十勝ワインで知られる十勝支庁池田町も直撃していた。

池田町によると，町内にある池田町配送センターでは，三段に積んでいたワイン三万ケース（一ケース十二本）のうち約半分が崩れた。ワイン城では地下倉庫のシャンパン風スパークリングワイン二万本のほとんどが崩れ落ちた。両方で約二十五百本が崩れたという。

台から外れたりしたワイン貯蔵タンクは七本（容量計二万八千リットル）高さ約三十センチの台から外れ，斜めになったり床に落ちたタンクもある。タンク内部は魔法瓶のようにガラスを焼きつけてあるが，同研究所は，内部は割れてしまったとみている。地下に寝かせている百六十本のブランデーの木のたる百六十本（一本約五百リットル）も台から外れたりした。

被害はワイン城関係だけで約一億円・昨年度の年間利益が，一瞬にして吹き飛んだことになる。

米企業史上で最大 IBMの赤字44億ドル

IBMは92年の純利益が四十九億六千五百万ドルの赤字だったと発表したが，これは米企業の年間赤字額として史上最高となった。これまでの最高はゼネラルモーターズが91年に44億五千二百万ドルで九二年のIBMは，これを五億ドル以上も上回っていた。

環境悪化途上国で深刻

国連環境計画（UNEP）は先月「世界の環境一九七二～一九九二」という報告書の中で「この二十年間で世界でとくに発展途上国での水不足・大気汚染・土壌劣化といった問題が深刻になっている」と発表した。大気汚染で問題なのは硫黄酸化物や窒素酸化物などが，先進国ではこの二十年間で両方とも四十％以上減っているが途上国は一・五～二倍と排出量が増えている。このほか世界中を悩ます地球温暖化やオゾン層破壊が新しい問題だと指摘。こうした環境破壊は放置すればますます深刻になるので各国とも協力してこの問題を乗り出してほしい。

早朝から父母願書提出の列

東京都内の私立中学の入学願書受け付けが20日朝から始まった。今春生徒を募集する159校のうち，この日から受け付けを始めたのは大部分の152校。「少しでも早い受験番号を」という親心から徹夜組も含め，早朝から父母らが列をつくり，いつもながらの光景が見られた。

都学事部によると，156校のうち21校が高校の募集数を減らし逆に中学の定員を増やした。159校の募集人員は合わせて2万4千90人と昨年より千2百13人増えた。都学事部によると，それでも競争倍率は昨年と余り変わらない見込みだという。

空き缶回収1年半で150万円　ネパールに校舎贈った

空き缶回収をしてネパールに校舎を贈ろうと，東京の高校生たちが一年半がかりで150万円を集め，このほど現地のボランティア組織に贈った。資材費になり，校舎は地元の人たちが造る。集めた空き缶は40万個以上。150万円のうち1こ一円前後で売って得たアルミ缶代は約43万円。残りは，生徒やPTA，卒業生の募金などで支援した。建設地は，ネパールでも貧しい地域とされる中西部カルナリ地方のディリチョール村。中高兼用の木造校舎で，農作業の合間に村人が建設する。早ければ，今年中にも，完成する。

私達の主張

パレードも見に行きましょう！
（予定　6月の大安の日）

絵 by匿名希望

14号（二月一日）佐川五億配分・六十数人改めて不起訴《金丸氏側供述、覆せず》《年間の実労働二〇〇〇時間を切る！》不況で残業減少
15号（二月五日）カンボジア・政府軍大規模攻勢「地域奪還が目的」、お礼奉公違法と訴え
16号（二月二二日）ＰＫＯモザンビーク派遣を、やらせ問題・ＮＨＫで七人処分

＊「現代社会新聞」に掲載された「私たちの主張」より（一年三組・五組・七組）

――今、麻薬や覚せい剤が大きな社会問題になっています。麻薬や覚せい剤は病気の治療につかわれることもありますが、重大な影響があるため、そのとりあつかいが法律できびしく規制されているのです。これらの医薬品には強い依存性があり、使用をやめると禁断症状があらわれるためその苦痛からのがれようとして、しだいに用量が増えていく。そして、麻薬や覚せい剤なしではいられなくなり、それらを入手するためには手段を選ばなくなるのです。このようなものは体に害をあたえ、ついには死に至るまでになるのです。だから、たとえどんなにつらいことがあっても麻薬や覚せい剤などに手をだしてはいけないのです。日頃からなんでも話せる友達をつくり、豊かな人間関係をつくりあげていくことができればすばらしいと思います。私達一年七組の一人ひとりがお互いの事を考え、行動できることを望みます。（四月二〇日）

――ごみ問題、近年、科学はめざましく発達して人間の暮らしは豊かになった、という。しかし、一方では地球の財産をほしいままに利用し、捨てている、ゴミが増えて、捨て場所に困る以前に

地球の限りある資源を大切にしなければならない。資源は人間だけのものではないはず、これからはもっと再利用に目を向けたい。（四月三〇日）

——週休二日制について。九月から都内の公立小・中・高校が月に一度土曜日が休みになる四週五休制になります。そこで私たちの意見として。

〈賛成〉土曜日が休みなら、他校の友だちとも遊びに行けたりするから。

〈反対〉土曜日の授業が他の曜日に移るから、そうなると部活動の時間が短くなってしまうから。

〈どちらでもない〉学校が好きだから休みはいらないけど、行きたくない時もあるからやっぱりほしい。週休二日制になるくらいなら、毎日あってもいいから、毎日午前授業になった方がいいと思う。〈まとめ〉人によって様々な意見が出てまとめるとしたら、人によって見方がちがう、ということでした。

（五月七日）

——今、日本とロシアの間で北方領土についての問題がよく話し合われているようだ。五月三日、四日にわたっても話し合われたようだが、今だに解決していないらしい。早く解決してくれたらいいと思う。そして、日本とロシアの間で、何も問題がなくなる日が一日も早くくればいいと思う。

ＥＮＤ　少なくてゴメン。（五月七日）

——自衛隊派遣が憲法第九条に違反しているか

違反していると思う、理由・一、軍隊をつくってはいけないといっているのに、自衛隊があるのはまちがっていると思う。二、自衛隊派遣はよくないと思うけど、医療関係ならいいと思う。

自衛隊がない方がよいと思う、理由・自衛隊がなければ、戦争がおきないと思うから。まとめ『自衛隊派遣は憲法第九条に違反している』というのがわたしたちの班の意見となりました。しかし、医療が目的のものなら多少はゆるせるんではないかということです。(五月八日)

――現在(平成四年一二月)、日本の政治界では多くの問題を抱えている。皇民党がどうのこうの、ほめ殺しだなんだとか、○下前首相のように記憶がないなどと言っているようでは、日本は終わりである。権力者・財力者よ、もっとしっかりしてくれ。五億円をじーさんにやるなら少し国民に配れ。(一二月一五日)

――今の地球を見つめ、私達の未来を考えよう!……今、地球上にはさまざまな問題があります。現在、地球は化石燃料の大量消費により、大気中のCO_2濃度が増加し温暖化することが心配されています。また、地下資源の代表とも言える石油の可採年数はあと四三六年ほどで、石炭は一五八年、天然ガスも約五八年しかないそうです。その他にも、原子力発電などの危険性、エイズの問題など、たくさんの深刻な問題が私達の身のまわりを取り巻いています。明るい二一世紀をむかえるためにも、未来の担い手である私達が、一つ一つ解決していき、道を切り開いていかなければならないと思います。そのためには、世界中の人々が手を取り合い、心を一つにする―そうすれば、地球はいつまでも平和で豊かな星☆であることでしょう。(一月)

――いじめ、最近いじめなどの問題がめだってきています。山形県でマットのすき間に落とされて死亡した中学一年生の児玉有平君の事件を知っていると思いますが、みなさんはこのいじめの問題をどう思いますか。いじめをなくすためには、一人一人が弱い者をかばって助けられるような人間になることだと思います。（一月二八日）

――お礼奉公違法との訴えについて……病院側が奨学金を払うことは、当然といってもいいくらいだと思う。今、看護婦不足は深刻な問題である。その原因としては、低賃金、そのうえきつい仕事などにある。だが、そんな中にも看護婦をめざしがんばる人がいる。ありがたいことだ。そんな現状を考えたら、病院側のとるべき態度として、奨学金を出すことくらいあたりまえ。それを「お礼奉公」などと、さらに現状を悪化させるようなことをするとは、もってのほか。もっと「優待遇」すべきだ。そして看護婦の負担を軽くするよう賃金の面、仕事の面、精神的な面などにおいて改善してほしい。病院側だけでなく、政府の方でも法的に改善を求めます。とにかく、あきらかに違法であるだろうと思います。（二月五日）

＊「現代社会新聞」に取り組んだ生徒の感想

――自分で考える力がついたと思う。討論などをやって、その議題に対し、自分はどう考えているのかなど、そういう力がついたと思う。また、三分間スピーチや現だい社会しんぶんなどで、自分の意見を言葉で表現する力がついたと思う。「考える」ことができるようになった。「このチャンコロ」など、先生のじゅぎょうはユーモアあふれていた。たのしかった。ビデオもよかったし、いろいろなきかくがあってよかったと思う。ただよくねむくなってしまう事が多かった。戦争のことについてはいろいろよくわかったと思う。一年間やってきた事が、これからも役に立っていくと思う。

四　班討論やディベート（一九九〇年度〜一九九三年度）

班討論……主に日本国憲法の基本的人権の学習のところなどで、問題の理解を深めるために行った。「教科書検定は憲法に違反するか」「靖国神社の公式参拝は憲法に違反するかどうか」など。四〜六人の班ごとに一時間討論し、次の時間に討論の内容を班ごとに前に出てきて、代表に発表してもらった。——討論の班長などをして、みんなの意見をまとめたりすることが少しつらかった。しかし、スピーチなどの発表で、自分の意見を言うことにじしんがついた。……中学のときやったことがなかったのでたのしく授業ができてよかった。もっとはなしあう時間が多い方がいいと思う。

ディベート……方法と結果‥年間五つのテーマを設定し、希望を聞きながらクラス全員を割りふり、一回は前に出てきて、ディベートをする。聞くほうは評価用紙に記入し最終的に判定を下す。高校一年生でどこまでできるだろうかと思ったが、グループによって差があり相互討論などになかなかならないクラスもあった。しかし、盛り上がるクラスもあり、ほとんどの生徒がやってよかった、と言ってくれた。

テーマと授業との関連……テーマは、米の輸入自由化問題、外国人労働者受け入れ問題、小選挙区制の導入問題、天皇制の存続問題、安保条約の問題、自衛隊のＰＫＯ＝海外派遣の問題、日の丸・君が代問題などである。大部分、授業で基本的なことを学習したあとで授業内容を深め、この問題をめぐって対立する見解があることをも知るために行っている。進行は私が行う。一九九一年度から思いきってやってみたが、生徒に大変好評であり、その後も行ってきた。

一九九三年度のテーマは以下である。

・衆議院の選挙制度を小選挙区比例代表並立制にすべきだ
・天皇制は廃止すべきだ
・日本は外国人労働者を積極的にうけいれるべきだ
・日本はコメの輸入自由化をすべきだ
・日本は国連のＰＫＯに貢献するために、自衛隊を海外に派遣すべきだ

ディベートをやっての生徒の感想

――私は三学期にやったディベートに賛成派として出たときに、同じ人間でもこんなにも考えることが違うんだなあと思いました。「米の自由化」についてだったけど何も知らなかったので、学校の図書館で本を借りて、読みました。そうしたら、けっこう面白くていろいろ勉強できました。当日は緊張してぜんぜんしゃべれなかった。だけど、私はいつも他人まかせだったけどこの時だけは本を読んだり、自分で少し行動できたことはよかった。学んだことは、他人にまかせっきりなのではなく、

自分で学んで行動した方が知識として残るということでした。

五　夏休みの課題――「戦争と平和・原爆を考える」

夏休みには毎年、読書感想文の他に「戦争と平和・原爆」に関する新聞記事を一〇点読み、簡単な感想文を提出させている。スクラップの提出は義務づけず、読んだ新聞記事のタイトルと月日のみを書かせている。多くの生徒が新聞記事を読み、「戦後〇〇周年の日本」のあり方について真剣に考えてくれた。

――戦争を知らない私にとって特に興味をもったのは体験が書かれた記事だった。妊婦のためおなかが大きかったので空襲の中をあお向けで隠れた苦労や明かりの代わりに蛍を集めていたが、それでも明るすぎて黒い布をおおったり、考えられない話だった。また、歌の記事がいくつかあったが、何もない中、自分を確かにするのに歌は大きな力を与えていたのだろうと思った。映画「ビルマの竪琴」で兵隊が日本の歌を歌っているのがふと頭に横切った。他に真っ黒にこげた電信柱やアオギリの木をのこしたりして戦争のひさん・平和を伝えていこうという姿も感じることができた。

三分間スピーチ（一〇年間のうち六～七年）、年間三回の読書感想文については省略します。

六 「現代社会」を学んでどんな力がついたか（一九九三年度の生徒の作文から）

＊よい本にめぐり会えた

――私は現代社会が全然得いではないし、テストも悪いし、好きな所といったら、司法の勉強ぐらいなのですが、ほかに討論会やビデオをみたり、感想文があったことは私にとってプラスだったと思います。とくに読書感想文は、大嫌いだったけどよい本にもめぐり会えたし、私は文章を書くのがヘタなので国語の勉強にもなりました。すごい時間かかったけど、今回優秀賞に選んでいただいて大変うれしかったです。

＊新聞やニュースをみるようになった、自ら考える力がついた。

――中学で学んできたことは、とにかく憶えることばかりだったし、あまり使わない用語も多かったけど、高校の社会の勉強は結構細かいことを学んだ気がする。ニュースとかでわからない用語もわかるようになった。コメの自由化は前に考えていたよりもむずかしい問題だとわかったし、他国民に対する差別もかなりひどいものだと知った。そのたびに考えたり、討論させられたりしていくうちに、社会について「考える」ということができるようになったのが、影響として大きい。

――中学とちがって、やっている内容がより難しくなったけれど、その分過去を確認するだけの歴史から、過去から現在、未来までを推理、発展していくようになって、学習内容が深まった。各国に対して冷静な目を向ける力と、判断力みたいなものがついたと思う。おもしろかったです。内容が、例えばPKO法案とか、ソ連の崩壊とか、今現在関わっている問題点などにも沢山ふれることができたので、政治とかに興味をもつようになった。今日の出来事も明日には歴史になっているのかもしれないのだから人生って不思議ですよね。上にも書きましたが、いろいろな国に対していままで知らなかったことをしることにより、又、ちがった見方ができるようになったと思う。その分今は日本人としてふくざつな気が……。

＊資本主義経済のしくみを学んで

――一番学んだと思うのは資本主義経済のしくみです。と、いうよりかレモネードのことです。まず、商売につかうものとか、お金とか、そしてどのくらいの利益をつけて売るかとか。このことで、自分が商売したい気持ちになりました。拡大再生産とか縮小再生産とかげんかしょうきゃくなどといったむずかしい言葉も難なく覚えましたと言うか、楽しい授業だったから覚えられたと思う。だからいつか店をひらきたいと思います。

＊ビデオをみてよかった

――映画がよかった。「はだしのゲン」もよかったし、「戦艦ポチョムキン」もよかった。あと、「モダンタイムズ」が途中でおわってしまったのがくやまれる。とにかく一年間たのしかった。ムリョームリョー。

一九八一年度３年「政治・経済」一学期「日本国憲法と民主主義」

（　）内の数字は授業時数

	項　目	授　業　内　容	発　問　etc.
日本国憲法の成立(1)	日本国憲法はどのように生まれたのか	①ポツダム宣言　②連合国最高司令官マッカーサー　③日本占領の管理機構　④政府案　⑤民間の案　⑥㋮案　⑦憲法の三原則	①日本の軍隊は何人いたか ②新憲法の草案はだれがつくったか ③憲法の三原則は
国民主権と象徴天皇制(3)	天皇の地位はどう変わったか	①天皇主権から国民主権へ　②象徴としての天皇　③天皇の権限 ④天皇にとっての「民主主義」は（信教の自由，表現の自由，戸籍は，税金は）	①憲法の三原則は　②前文ではどこに国民主権のことが書いてあるか ③象徴とは　④天皇は選挙権をもっているか　⑤女性でも天皇になれるか　⑥天皇にも刑法は適用されるか　⑦天皇は自由に結婚できるか？
	皇室財政はどう変わったか「君が代」は国歌か	①戦前と戦後の皇室財政 ② 88 条　③法律ではきめられていない　④戦前の「君が代」 ⑤戦後の「君が代」　⑥ 1977 年の学習指導要領	①天皇・皇族は、財産をかってに処分できるか　②「君が代」は国歌か　③小・中学校で「君が代」を歌ったか　④どう思ったか ⑤歌詩の意味は？　⑥「君が代」を国歌とすることに賛成か
	元号制度と国民主権は矛盾するか	①高崎高校の事例（新聞を読ませる）　②元号制度のおこり　③明治以前の元号　④明治政府による「一世一元」制　⑤戦後の元号 ⑥元号法の成立とその影響　⑦各党の態度　⑧外国では	①元号とは　②最初の元号は ③元号法について，どう思うか
自由に生きる権利(3)	1. 精神の自由 ①思想及び良心の自由 ②信教の自由	①近代憲法の原則　② 19 条 ③レッド・パージ　④三菱樹脂事件　⑤ 20 条①，③　⑥津地鎮祭訴訟判決　⑦靖国神社参拝，靖国神社法案	①マッカーサー指示による事件は ②高野君の訴えについて，どう判決するか　③戦前までの政府はどういう宗教を公認したか　④徳川幕府は　⑤公立学校で，宗教の時間は　⑥津地鎮祭は憲法に違反するか　⑦最近どういうことが問題か
	③学問の自由 ④表現の自由	① 23 条　②研究・発表・教育の自由→教育の自主性・大学の自治 ③家永教科書裁判　④ 21 条 ⑤女子寮で　⑥チャタレイ事件判決	①学園紛争のとき，学校側の要請なしに機動隊が入れるか　②家永さんの訴えについて，どう判決するか ③娘の手紙を親が開封してよいか ④映倫は検閲か　⑤ポルノは
	2. 経済の自由	① 22 条①，②　② 29 条①，③ ③ 18 条　④罪刑法定主義（薬事法）　⑤法定手続の保障 31, 32, 33, 35 ①②，36 条　⑥逮捕する，と言われたら　⑦逮捕状はだれが発行するか	①家の商売をつげと強制できるか ②スーパーの中の薬局は　③徴兵制は憲法上許されるか　④警察官にカバンの中を見せてほしいと言われたら　⑤彼が部屋に入っていい，と言ったら

	項　目	授業内容	発　問 etc.
平等に生きる権利(2)	1. 法の下の平等 2. 男女の平等 3. 家族構成員の平等	① 14 条①　②専属殺をめぐる最高裁判決　③改正前と改正後の民法　④言葉の中の男女差別	①刑法 200 条は 14 条に違反しないか　②「姦通罪」（刑法）とは何か　③家庭科の女子のみ必修は？　④男女差別はどういうところにあるか
	現代日本にはどのような差別があるか	①結婚退職制をめぐる判決　②女子労働者にたいする差別　③在日朝鮮人問題　④アイヌ　⑤学歴　⑥思想・信条　⑦身障者　⑧部落	①結婚退職制は 14 条に違反しないか　②現代日本にはどのような差別があるか
政治に参加する権利(2)	1. 国民主権と参政権 2. 参政権の内容	①国民主権と参政権 ② 15 条①　③請願権 16 条 ④日本における参政権獲得の歴史	① 20 才になったら，どのような公務員を選挙するか，それぞれの任期は　②その他にどのようにして政治に参加できるか　③日本ではいつ，婦人参政権が実現したか　④だれが努力したか
	3. 選挙制度の問題点	①議員定数不均衡の問題 ②判例　③小選挙区制 ④公職選挙法　⑤政治資金 ⑥金権選挙，企業ぐるみ選挙，替え玉投票	①議員定数の不均衡はどの党に有利で，どの党に不利か ②なぜ是正されないか　③憲法 14 条に違反するか　④小選挙区制はどの党に有利か
豊かに生きる権利(2)	1. 自由権と社会権 2. 生存権	①自由権的基本権と社会権的基本権―搾取の自由 ② 25 条①，②　③朝日訴訟　④生活保護法	①自分は「健康で文化的な最低限度の生活」をしているか ②お金のない人の葬祭料はだれが払うのか
	3. 教育を受ける権利 4. 労働する権利 5. 新しい人権	① 26 条①，②　②教科書費国庫負担請求事件　③教科書無償法案と採択権 ④社会主義国での教育費 ⑤ 27 条，28 条　⑥環境権　知る権利	①小学２年の親の訴えについてどう考えるか ②高校に入ってどのくらいお金がかかっているか

第三章　被爆者の話を聞き平和を考える、広島・長崎修学旅行

一　広島でのフィールドワーク（碑めぐり・遺跡めぐりなど）をとりいれた修学旅行（一九八九年）

（一）　保谷高校での「広島」修学旅行の歩み

保谷高校ではじめて修学旅行に「広島」をとりいれたのは一九八三年度（一一回生）である。この年、地理担当の渋谷敏之・佐藤純子先生らが京都・奈良中心の修学旅行にかわって原爆・平和を考える「広島」をとりいれた修学旅行にしようという主張をされて、実現したのである。以後、「広島」が入った修学旅行は、八四年度、八七年度、八八年度と続けられ、私たちの八九年度（一七回生）は、五回目ということになる。過去四回は、広島から京都というコースと、萩・津和野から広島というコース（い

ずれも広島または宮島で一泊）があったが、やはり社会科の教師などを中心に広島へ行くための事前学習を熱心にすすめてきた。「被害」の面だけではだめで、「加害」の面も含めて一五年戦争全体や現在の問題など、できるだけ広く学習させていこうとしてきたと言える。

一一回生の時は、夏休みに本多勝一の『中国の旅』を読ませた。一二回生の時は、広島県高教組編の平和読本『明日に生きる』を各班に二冊ずつ配布して学習を促した（このテキストには安保からベトナム戦争までくわしく書かれている）。

広島での行動は、クラス別の被爆者の話を聞く集い（碑前や平和公園内外の会場）と、夜の全体講演の二本だてが中心である。一五回生の場合は、原爆資料館以外に、碑めぐりと比治山公園もくみあわせた。全体講演は先の問題意識から、在日朝鮮人被爆者の李実根さんにお願いした（八四・八七・八八年度、最初の八三年度は李さんの日程がうまくつかずに、橋本栄一氏）。李実根さんの講演は非常に迫力があり、日本人が秀吉の時代からいかに隣国の朝鮮民族に被害を与えてきたのか、朝鮮人は広島の被爆時においても差別を受けた、ということなどを雄弁に話された。また、現在の日本の政府の平和問題にたいする姿勢にもきびしく目をむけさせてくれる内容も含まれていた。このような本校の修学旅行は、朝日新聞やラジオの文化放送でも紹介された。

（二）全体講演をやめ、フィールドワークをとりいれた一九八九年の修学旅行

過去四回続いた「広島」修学旅行の蓄積のうえにたって、一七回生の修学旅行について考えた。学年代表の山田先生より、被爆者のお話を夜、宿舎でじっくり聞いた方がより効果があるのではないか、という提案があり、宿舎が宮島なので、被爆者の方々の条件が整えばそうしよう、ということで決まった。学年担任から、「高齢の方に夜、宮島のホテルまで来ていただくのは大変では」と言う意見もだされていたが、沼田鈴子さんなどから、「被爆者を過保護にしてはいけませんよ」と快く引き受けていただき、実現することになった。では、広島での昼間の行動をどうするか。これまでは全体講演とクラス別講演という二本だてで、ただ話を聞くという受身の行動が主であった。もっと生徒たちに自分たちで調べさせたり、現地で体を動かして学習させたりしたらどうか。また、李実根氏の講演はすばらしいが、前年度は三日目ということもありかなりの生徒が眠っている、ということも言われていた。そこで全体講演はやめて、広島市内の原爆遺跡・戦争遺跡、似島、原爆養護ホーム、福島生協病院などのコースを設定し、広島で約四時間の班別コースによる平和学習をすることにした。他校の事例や、日本平和教育研究協議会の出版物、また、下見の時には江口保先生にも御世話になったりして、五つのコースを決定した。なお、夜の被爆体験談については、「原爆被害者証言の集い」から五名、「広島を語る会」（沼田鈴子さん）から五名お願いした。また、昨年までの流れもあるので、沼田鈴子

さんを通じて二人の朝鮮人被爆者の方を加えていただいた。フィールドワークの中に、広島市内の戦争遺跡や似島などを入れたのは、軍都広島の歴史をも知ることによって、加害の問題も含めて、より深く「広島」を学習させたいと思ったからである。

日程概略（一九八九年一一月）

一日目　東京―広島。平和公園でクラスごとの簡単なセレモニーと記念写真。原爆資料館見学。広島―宮島。夜、宿舎と近隣の会場でクラスごとに被爆体験を聞く集い（一時間二〇分）。

二日目　朝食前に厳島神社見学（希望者）。宮島―（フェリー）―宇品―平和公園。一〇時すぎから午後二時四〇分まで五つの班別コースによる平和学習。広島―京都。

三日目　京都で終日班別行動。夜、外出あり。

四日目　京都市・近郊のクラス別行動。全クラスが清水焼の絵付けか友禅染の体験。京都―東京。

（三）　事前学習のあらまし

一年の時には、修学旅行の事前学習という位置づけはしていないが、現代社会で「核戦争後の地球」や「予言」を見た。また、グループ研究発表のテーマの中に「原爆」や「核兵器」があった。英語では「Ｓａｄａｋｏ」の一部を学んだ。二年になる春休みには、国語の課題として、『黒い雨』を読みあらすじ一枚・感想文二枚を書くこと、英語では、「Ｓａｄａｋｏ」（副読本）を学習することが課された。

二年の一学期からは、修学旅行ニュース（号計三五号）をノートに貼ることと、平和や核に関する記事をスクラップすることにしたが、これはあまりうまくいかなかった。映画『ヒロシマ・ナガサキ―核戦争のもたらすもの』（一九八二年、岩波映画、四六分）を、クラスごとに六月から七月にかけて鑑賞した。担任団からの提案により、『黒い雨』（今村昌平監督）を田無市民会館を借りて、七月一二日に鑑賞した。夏休みの課題として六月末に『一九四五年八月六日』（伊東壮・岩波ジュニア新書）を配布し、九月一日に提出ということで、原稿用紙三枚以上の読書感想文を課した。班学習の共通の土台という意味も考えた。読みやすく、生徒の評判も良かった。さらに、他校の実践例も参考にして八つのテーマを設定し、班ごとに平和学習をすることにした。各クラスごとにできるだけテーマをまんべんなくわりふりレポート用紙五枚以上、ということで提出させた。八人の班は四人ごとの班で提出することとし、一〇一班中七三班が最終的に提出した。レポートは一〇数枚の力作などもあり、修学旅行委員会の役員と私とで内容を審査し、学年集会の時に最優秀賞・優秀賞に委員長から表彰状をだした。

〈班学習テーマ〉

一　一五年戦争（日中戦争・太平洋戦争）とは、どんな戦争だったのか――日本のアジア侵略・南

京大虐殺・東京大空襲・沖縄戦など

二　アメリカはなぜ原爆を投下したのか―第二次世界大戦末期の状況

三　広島の原爆被害の実態はどのようなものだったのか――熱線・爆風・放射線の影響

四　原爆後遺症と被爆者の苦しみ、被爆者の歩いた道――朝鮮人被爆者の問題も考える

五　現代の核兵器、ヒロシマ・ナガサキ以後の核兵器開発の歴史

六　軍都広島の歴史と戦争遺跡

七　反核・平和運動の歴史と現在―ビキニ被爆と原水爆禁止運動・地域の非核自治体宣言など

八　日本国憲法と非核三原則をめぐって――非核三原則とはなにか、日米安保条約と基地問題、最近の核問題等

文化祭で展示をした。表彰状をもらった優秀班（一七班）に模造紙四枚ずつを配り、各テーマごとに書いてもらい、役員で展示をした。また役員と平和学習班とで、遺跡の紹介や借りてきた広島の被爆写真パネル四〇枚もあわせて展示した（二教室）。ノートに二〇数名の来訪者（おもに親）からコメントをいただき、励まされた。

修学旅行の直前には、三クラスのみだったが、アニメ『はだしのゲン』（八五分）を見た。また、広島での班別コースにしたがって、全員または班長（副班長）による説明会・学習会をもった。

なお生徒全員に『ヒロシマへの旅・平和学習のしおり』、各班に『ヒロシマの旅・碑めぐりガイド

ブック』と、『ひろしまの碑、遺跡・平和あんない』（地図）を配った。

修学旅行を終えてからは、六〇〇～八〇〇字の感想文を書くことを課題にした。全体の文集はつくらなかったが、あるクラスでクラス文集ができた。また、班別のレポートも提出させた。事前学習のテーマごとに優秀班のレポートを集めて冊子をつくり、各クラス一冊ずつ置いて閲覧した。また、「被爆体験を聞く集いの記録」（講演のまとめ）を修学旅行委員で作成し、各クラス一部配布した。

（四）修学旅行委員会の活動など

毎週月曜日を定例日とし、役員会（六名）は、その後または必要に応じて開いた。全体的にみて、自ら積極的に動くというより教師主導的な面が強かったが、役員会を軸として教師が提起した課題に前向きに応えてとりくんだ。

平和学習班は、慰霊碑や原爆遺跡・戦争遺跡について調べ、ニュースにのせたり、しおりの巻末にのせたりした。クラスごとのセレモニーは、企画班と役員会で話し合った。全体でやるのは無理だろうということでクラスごとに、碑の説明（ガイドさん）・黙とう・折り鶴贈呈という簡単なものになった。千羽鶴は、役員会でやろうということになり、二週間足らずの間に全クラスが千羽鶴を完成させた。前年度広島に行った三年生の学年評議会が、一学期に原爆ドーム保存の募金運動にとりくんでいた。一〇月になって二年生の学年評議会でもとりくみ、合わせて四万数千円を修学旅行の現地で手渡した。一〇数名の評議員が平和文化センターに集まり、委員長ともう一名の生徒が簡単な言葉をのべ、募金を手渡した。

（五）広島での平和学習をふり返って

夜の宿舎での被爆体験を聞く集い

授業中私語が多い私のクラスも含め、どのクラスも真剣によく聞いた。あるクラスでは熱心に質問する生徒もいた。時間的にも一時間二〇分ほどとることができた。生徒が司会をやり、担任の講師紹介、花束贈呈、お礼の言葉と分担を決めて進行させた。

広島での班別コースによる平和学習と生徒の感想

Aコース　原爆遺跡・戦争遺跡をたずねる（広島市内）

〈Aの一〉講師　中本剛氏（原爆の子の像・爆心地・大本営跡・被爆したユーカリ・原爆ドーム・陸軍墓地・被爆した石垣・防空壕）……講師の方の大演説（大本営跡で三〇分ほど）もあったりして、ウンザリした生徒もいたようである。前日夜に被爆体験談を聞いているので、生徒の感覚にあわせて事前によくうち合わせ、遺跡めぐりを中心にした方がよかった。

――原爆ドームを生でみて、本当にすごいくずれ方だった。あとユーカリの木とか、城の壁に光があたって焦げた跡とかが、すごく生々しくて、本当に原爆は落ちたんだと思えた。軍人の墓も、あんなに多くの名前が一人一人石に刻まれていて、すごかった。

〈Aの二〉講師　片山文枝氏（赤十字病院・被爆したユーカリ・陸軍墓地・防空壕・大本営跡・ABCC）……爆風によってガラスが飛び、壁にキズがいっぱい残っている赤十字病院内の見学など、好評であった。講師の方の熱心な話と、生々しい被爆の傷跡、軍都広島の遺跡などヒロシマについての理解を深めさせることができたと思う。

――広島には、戦争の傷跡がたくさん残っていた。原爆というものが一つの町に与えた影響がいかにすさまじかったかが原爆病院の窓わく、壁に埋め込まれたガラスの破片を見て、改めてよく分かった。沼田さんの「おばあちゃんはね……おばあちゃんはね……」というとても優しい話し方を思い出すたび、戦争の最大の犠牲者は武器をもたない民衆だと、つくづく思う。

Bコース　似島で平和を考える　講師　植野浩氏……このコースは船に乗って島に渡るということで、大勢集まったが、一〇〇名近くがぞろぞろということでダレた生徒もかなりいたようであった。しかし、講師の方が非常に熱心で昼食もそこそこに島内を歩いたなかで、もっと時間をとってじっくりと見たかったという生徒も多く、原爆や戦争について考えさせてくれた。

――海が穏やかでもう少し天候が素晴らしかったらもっと良かったと思う。フェリーが着き、島におりるとそこには戦前の姿とはまったくでもないけれど全然違った今の姿がありました。話によると、その島に多くの人々が来ては死んでいったそうで、とても悲しい島であることがわかりました。弾薬庫等、昔のものがまだ残っているのにはびっくりしました。

Cコース　原爆養護ホームを訪問する（一時間）　やすらぎ園・むつみ園……事前に全員集会を二回もったが、何かだし物などを計画することができず、学校紹介と花束贈呈、お礼の言葉だけになってしまった。むつみ園ではペーパーフラワーをつくって持っていった生徒がいた。しかし、生徒二・三人ごとにひざをつき合わせてのお年寄のお話は強い印象を与え、学校生活から逃避しがちの生徒も「とてもよい人生経験になった」と言っていた。なお訪問時間は一時間なので、残った時間は平和公園を散歩したりお好み焼きを食べたりして、のんびりできてよかったようである。

――（やすらぎ園）私に被爆体験を話してくださった方は、原爆が落とされた日に、自宅の庭で火をたこうとしていて、自分で火をつけようとした時に、急に辺りがパッと明るくなって腕にやけどをしたので、自分のつけた火かなと思って手元を見ると、まだ火はつけていなかったそうです。そして、マッチの火ではなく原爆が落ちて明るくなったのだとわかったそうです。それから、当時の学生たちの話など、本当に一生懸命に話してくださいました。お話の最後の方では、私たちにいまの平和を大切に生きていってほしいと言っていました。本当に貴重な体験をしたと思うので、これからもそのお話を忘れないで過ごしていこうと思いました。

――（むつみ園）原爆投下後の、どんな生々しい鬼気せまるような話をされるのか、内心恐れていたのだが、いざ話をしてみると原爆云々よりむしろ現在の国際情勢や本島長崎市長の「天皇発言」の方が多く、予想は幸いにもはずれた。話を聞かせてもらった方の名は忘れてしまったが、お爺さんの方が七九、お婆さんの方が七七とのこと。国際情勢等にきわめて詳しかったのはお爺さんの方で、お話がやや聞きとりにくかったが、言葉はしっかりとしておられ、僕の方もいつも新聞をすみずみまで読む習慣をもっていたおかげで話のレベルを落とさずにすんだ。割り当ての時間は六〇分であったが、やや不足気味になるほどで、はじめここへ行くことになったときに「あなや……」と思った心はきれいさっぱりどこかへ吹きとんでしまった。話をしていただいたお礼に・・と、宮島で調達した「長寿しゃもじ」はあちらに喜んでうけとってもらえたけれど、話の形態は一人と三人とふんでいたおかげで一こしかあげられなかったのがこの中で唯一の失策(とまではいかないけれど)であった。この「老人ホーム慰問」は、「研修」とか「平和教育」という観点でみればヒットであったと言えるけれども、でも、もしあちらの方々の話が冒頭の予想そのものであったならこの文章は批判にみちていたかも知れない。「運がよかった!」と言うべきことであろう。

Dコース　福島生協病院で平和を考える　講師　山田寿美子氏……約二時間で、『天が燃えたとき』というアニメのスライドとお話であった。二歳の時被爆された山田さんがこれまで苦しい歩みを続けてこられた感動的なお話であったが、居眠りしている生徒も多かったらしい。

――山田さんが小さい時に戦争のおかげで、いとこ一人と姉、兄だけとの生活になってしまい、色々な苦労をなされた話を聞きながら山田さんの表情を見ていると、もうあまり思い出したくない様な事も言ってくれたようで少し悲しさが見え、心痛く感じてしまった。

Eコース　自主行動によるフィールドワーク(慰霊碑・遺跡めぐり)……まったく班ごとの計画による

フィールドワークで、午前中は平和公園の慰霊碑めぐり、午後は三つのモデルコースによる遺跡めぐりである。のんびり行動できて良かったようである。下見のときお世話になった江口保さんからいただいた三つのモデルコースも紹介した。碑文を写すようにと言っていたので、多くの生徒が真面目に写していたようである。

――一番最初に見たのは原爆ドームでした。思っていたよりも小さな建物だと思いました。原爆で広島全体が灰になったにもかかわらず、この建物が元の形を残していられるのが不思議でした。爆心地へ行こうと思っていたら、間違って先に動員学徒慰霊碑を見に行ってしまった。爆心地は今ではもう病院が建っていて、碑さえもうもれた感じで、見すごしてしまいそうでした。ヒロシマの碑は前日にバスガイドさんに案内され、みんなで折った千羽鶴を置いて、黙とうをした所です。何でもない碑のようだけど、私には印象深かったものの一つでした。

原爆の子の像とは、サダ子ちゃんの像の事でした。ここには千羽鶴が異様とも思われるほど、他の所に比べて沢山ありました。韓国人犠牲者慰霊碑に行ったら、ちょうど韓国人らしい観光客がいました。碑に書いてある事は読めなかったけれど、高く真っすぐにたっているのが印象的で、周囲の石には何か文字が書いてありました。広島二中慰霊碑は町なかというか道路のわきに他にもまだ碑が並んでいるような所にあったので、少し変な感じがした。教師と子どもの碑は、何とも言えないけど、心に残った姿だった。峠三吉碑のこの詩は前にも聞いた事があったけど、もう一度読んでみて、苦しみや悲しみが前よりも理解できたような気がした。

原爆慰霊碑は何故か、周りにある碑のまとめのようで、すごく大きく立っているように感じられた。見ることができなかった沢山の碑も含めて、千羽鶴の膨大な数がものがたるように、全国の人々の平和の願いが強く感じられた一日だった。

コラム　都立保谷高校でのヒロシマ修学旅行（一九九四年）

以下は、ヒロシマを語る会の一〇周年記念誌で原稿を依頼されて、掲載されたものである。

保谷高校の修学旅行ではじめて「ヒロシマ」をとりいれたのは一九八三年の一一回生のときである。地理の渋谷・佐藤両先生らが京都・奈良中心の修学旅行にかわって原爆や平和のことを考える広島をとり入れた修学旅行にしよう、と主張されて実現したのである。以後八五年と八六年を除いて広島を入れた修学旅行が継続され、今年（九三年）で九回目ということになる。私は八四年に担任として行き、八九年には修学旅行担当として行きました。修学旅行は学年担任団にまかされており、その中で一〇年もの間ヒロシマ修学旅行が継続できたのは、何よりも被爆者の方々の生々しい体験談が強烈に高校生の胸をうち、本や映像では絶対に学べない真実を知ることの教育的価値が本校の教師たちに認められていたからだと思う。また生徒は被爆の真実を知ることとともに四〇数年生きてこられた証言者の方の生きざまをもうかがうことにより、自分がこれからの人生を生きていく上で力になる何ものかをもきっとつかんだものと思う。

今日の時代において子どもは親の生活体験すらじっくりと聞いたこともなく大きくなってしまっており、被爆者の方の生きざまを知った高校生は自分の親ひいては親たちがつくっている日本社会全体へと目をむけていくきっかけをも得たのではないか、と思う。職員室で、被爆者のお話を聞く修学旅行はあと何年できるだろうかということが言われたりしますが、証言者の方々が健康でいられる限り、二一世紀をになっていく高校生たちに語り継いでいただきたいと思う。「ヒロシマを語る会」が来年結成一〇周年になるそうですが、保谷高校での修学旅行も沼田鈴子さんをはじめこの会の証言者の方々に一番多くお世話になりました。御礼申し上げます。本校での修学旅行はクラスごとに被爆者のお話を聞くことをメインとしてきましたが、その他のいくつかのとりくみについてここで紹介しておこうと思います。

李実根さんの全体講演

八四・八七・八八年度の三回、李実根さんに全体講演をお願いしました。これは被害の事実だけでなく、日本の朝鮮の人たちへの加害の真実をも学ばせたいという意図からで、李さんの雄弁な講演は現在の問題への指摘も含め、多くの生徒に強烈な印象を与えました。（都立武蔵丘高校の実践から学ぶ）。

ヒロシマでのフィールドワーク……八九年は私が担当しましたが、全体講演はやめて碑めぐりや遺跡めぐりなどのフィールドワークをとり入れました。江口保さんや植野浩さんにお世話になりましたが、市内での慰霊碑や原爆遺跡・戦争遺跡めぐりの他、似島や二つの原爆養護ホーム、福島生協病院

（山田寿美子さん）などをたずねました。

大久野島で学ぶ……今年九三年は大久野島の国民宿舎で宿泊し、広島で被爆体験を聞いたあと毒ガスによる加害についての学習をします。（一九九三年）

二　長崎・平戸・北九州修学旅行（一九九四年）

事前学習

一年の夏休みには、国語科の課題として井伏鱒二『黒い雨』の読書感想文を提出させ、二学期の授業でもとりあげた。英語では、「長崎の郵便屋さん」（修学旅行で案内者の一人ともなった谷口稜曄さんの話）を学んだ。現代社会の授業の中で、平和学習と「はだしのゲン」「予言」の鑑賞を行った。

二年になり、五月一日の学年行事として映画「この子を残して」を鑑賞した。体育館で行ったので音響など条件がよくなかったこともあり、感想文の全員提出は強制しなかった。しかし、よく考えていた生徒もいた。数名の生徒の感想文がＰＴＡの学年通信に掲載された。

夏休みには、地理の課題として『ナガサキ・一九四五年八月九日』（岩波ジュニア新書）の読書感想文を提出させた。やや内容がむずかしかったが、九〇数パーセントが提出した。

国語の授業では、林京子「ギヤマン・ビードロ」を扱った。地理の授業では、長崎や平和についての学習とビデオ「長崎—巡礼の旅」（三〇分・ＪＴＢ編集）を見た。生徒全員に『平和読本—ながさきへの旅』（長崎証言の会）・「修学旅行のしおり・別冊」（平和学習班で作成したもの）・『平戸—修学旅行のしおり』（平戸市観光課）を配布した。

教科での学習は、全体として一年のときからよくなされたと思う。しかし、生徒自身が具体的なテーマをもって自主的に調べることが、もっとできるとよかった。

修学旅行　　　　多田悟史

私が、修学旅行のなかで一番印象に残っていることは、被爆者の方の被爆体験の話だった。実際に体験しているということで、とてもリアルな話だった。話の中に、防空壕の中に生き埋めになった人に出会って、助けようとしたという話があった。その話の中では、結局、自分の身が危なくなって逃げてしまった。その被爆者の方は、長い間その話をできなかったと話していた。しかし、もし私がその状況におかれていたら、私も逃げてしまっていただろう。戦争の最中では、自分の命を守るだけでも精一杯なのだろう。その被爆者の方は、そのことをずっと心のなかにしまって、他人に話すことができなかったと話していた。たぶん、ずっとそのことを気にしていたのだと思う。

その話を聞いているなかで、その日の午後に平和公園をまわったときの、案内をしていただいた方のお話を思いだした。その中で、被爆二世の方の話があった。その被爆二世の方は、死ぬまで結局、自分がなぜ死んでしまうのか、ということがわからなかった。実際に、その本人は原爆をうけていないのに、親が被爆者であるため、発病してなくなってしまった。そのようなところでも、改めて原爆のおそろしさを感じるとともに、このようなことは二度としてはいけないのだと心から思った。

また、被爆者の方の話に戻るが、あるおばあさんがでてくる話があった。被爆者の方がそのおばあさんに会ったとき、空に飛行機がいて、おばあさんとともに、その被爆者の方が防空壕に逃げ込んだ。その時おばあさんが、「この防空壕は、うちのだから入ってくるな」といった。そう言われたその被爆者の方は、仕方なくその防空壕を出た。なんとか助かったというのだが、何故そのおばあさんは、そのように言ったのだろう。このようにとてもひさんでひどい戦争というのは、人間の人格や考え方なども、ことごとく変えてしまうのだろうか。そんなことを言われたら、相手がどう感じるかというのを考えることができなくなってしまったのだろうか。下手をすると「死ね」といっているのと同じことにもなりかねないのだと思う。それを言われた被爆者の方も、とてもつらいことだったと私は思う。

このように、たくさんの人を傷つけた戦争と原爆は、この世からなくさなければならないと、この修学旅行のなかで思った。

心に残ったこと――内山悠子

今回の修学旅行で一番心に残ったものといったら、やはり、一日目の被爆者の方のお話である。私たちのクラスは、英語の授業で習った谷口稜曄さんがお話をして下さった。ここに本当に原爆が落とされたのだろうかと思うくらいきれいな町となった長崎だが、被爆者の方にとっては、風景は変わっても、自分が被爆した町ということは変わらないだろう。また、そういうつらい思い出のある地に残って語り部として活躍なさっていることはとてもすごいことに感じられる。私も、今、私が歩いている道路に、けがをした人や、亡くなった人々が、たくさんいたのだろうなと想像してみた。でも、それは現実の原爆投下直後の風景とは比べものにならないだろう。いくら想像しても、しょせん想像なのだ。だからといって、その風景を見るために、再び原爆を落とすという訳にはいかない。私たちが、自分達の想像以上の原爆の状況を実際に体験せずに体験するには、原爆に関する情報を正確に手に入れなければならないと思う。

谷口稜曄さんや崎田昭夫さんのお話は、私にとってもとても貴重な体験となった。稜曄さんは、被爆当時の背中にひどいやけどを負った写真を見せて下さったが、正直いって、よく生きていられたなと思った。人間の体は三分の一やけどをすると皮膚呼吸が出来なくなって死んでしまうというが、背中といったら、ほぼ三分の一にちかいのではないかと思う。それに、痛みもひどいだろうし、肉体的にも精神的にもまいってしまうと思った。稜曄さんが死なずにすんだのは本当に奇跡的だと思った。また、崎田さんのお話では、崎田さんがにげる途中に助けを求められたおばあさんの話が特に印象に残った。よく、日常で人を一人殺すと殺人なのに、戦争中ではむしろ手柄になるというが、戦争中は人を何万単位で殺す。軍の上の方の人などは、多分、人を殺すことに麻痺していると思う。でも、兵隊さんや一般人の人は、一人一人に関わってしまう。例えば、崎田さんとおばあさんのように。そして、崎田さんがおばあさんを見殺しにしてしまったと何十年も悔いつづけていたと同じに、戦争は人々を精神的な面で苦しませつづけるものだと思う。崎田さんが涙ぐみながら話をして下さるのを見て、こういう話を生半可な気持ちで聞いてはいけないと、改めて思う。そして、聞くだけでは何も変わらないとも思った。行動をおこしてこそ、前進する。そして、そのことが一番被爆者の方々や、亡くなった方にはうれしいことだろうと思う。

次に心に残ったのが大浦天主堂である。大浦天主堂は、やはりステンドグラスがすごかった。私は教会に入ったことがなく、テレビなどでしか見たことがなかったので、感動してしまった。イスに座って静かにしているとだんだんおごそかな気持ちになってきて、とても気持ちよくなった。やはり教会の独特の雰囲気にのまれたのだろうか、別にクリスチャンでもないのに、と不思議な感じだった。それから、外に出て別館に入った。そこには、コルベ神父に関する資料があった。コルベ神父は、ナチの収容所で、ある人のかわりに自らを犠牲にして飢餓室に入り、亡くなってしまった神父さんである。本当にすごい人だと心から思う。私にはとてもできない。自分の命を人のために捧げる、という行為は人間のすることの中で一番尊いのではないかと思う。それをやり遂げる人はもちろん偉い。きっと愛にあふれた人だったのだろうと思う。

長崎は、京都などとちがって街全体がそういう雰囲気というわけではなかったと思う。でも、市電とか、造船所とか、なにげに残っているものがとてもいいなあと思った。坂が多くてつかれたけれども、楽しかった。あまり観光シーズンに来るものではないと思う。それから、原爆中心地をもっとよく見学したかった。今度来るときは今回のことを参考にして、もっと楽しみたい。

日程概略

	8:00	12:00		18:00
8日（火）〈長崎泊〉	羽田→→ 長崎へ	原爆資料展・見学	クラス別・コース別平和学習	被爆体験講演
9日（水）〈長崎泊〉	長崎市内・班ごとのフィールドワーク			外出（希望者）
10日（木）〈平戸泊〉	班別自主行動→〈ハウステンボス・コース〉〈ドロ神父記念館と九十九島めぐり・コース〉		平戸市内・班別自主行動	外出（希望者）
11日（金）	クラス別コース→柳川・吉野ケ里・太宰府・有田焼体験等			福岡→ 羽田

1日目　クラス別・平和学習のコース

組	コース名	案内者	コースの内容
1	城山小学校	内田　伯さん	— 爆心地 — 城山小学校（嘉代子桜、少年平和像、被爆校舎、被爆体験）— 如己堂《にょこ》 — 平和公園
2	片足鳥居	内田　保信さん	— 永井博士夫妻の墓 — 片足鳥居 — 山王神社の楠木《くすのき》（被爆体験）— 浦上天主堂 — 平和公園　※墓までバスで移動
3	松尾あつゆき句碑・如己堂	中野　章子《しょうこ》さん	— 松尾あつゆき句碑 — 外国人犠牲者の碑 — 爆心地の指標 — 浦上天主堂 — 如己堂 — 平和公園
4	朝鮮人犠牲者の碑	朴《パク》　玟奎《ミンキュ》さん	— 朝鮮人犠牲者の碑（朴さんの体験）— 爆心地の指標 — 浦上天主堂 — 如己堂 — 平和公園
5	爆心地・如己堂	平《たいら》　則子《のりこ》さん	— 爆心地（爆心の指標など）— 浦上天主堂 — 如己堂 — 平和公園
6	山里小学校	浜崎《はまさき》　均《ひとし》さん	— 爆心地 — 山里小学校（防空壕跡、あの子らの碑、被爆体験）— 如己堂 — 平和公園
7	経の峯墓地	尾畑《おばた》　正勝《まさかつ》さん	— 旧長崎医科大の傾いた門柱（被爆体験）— 経の峯墓地（一家全滅の墓、原爆死と刻まれた墓など）— 浦上天主堂 — 平和公園
8	浦上天主堂如己堂	谷口　稜曄《すみてる》さん	— 旧長崎医科大の傾いた門柱 — 浦上天主堂（被爆体験）如己堂 — 平和公園
9	浦上川・山王神社コース	岡村　進さん	— 片足鳥居 — 山王神社の大楠木 — 浦上駅前の鉄道原爆犠牲者の碑 — 浜口町陸橋下電車被災の銅版 — 爆心地 — 平和の泉 — 平和公園

夜、宿舎でお話して下さる方　19:30〜

日昇館　崎田　昭夫さん（司会　小林・池田　記録　一ノ瀬）

異邦館　吉田　孝子さん（司会　海老沢・高野　記録　中井川）

第三部

高校生は素晴らしい力をもっている！
文化祭を楽しむ

第一章　全クラス参加の燃える文化祭
——保谷高校文化祭小史（一九七三〜一九九六年）

私は一九八四年四月に、保谷高校に転勤してきました。したがって第一二回文化祭以後しか見ていません。それ以前のことは、私より前からおられて、文化祭が大好きで生徒たちと一緒につくって来られた清水敬一先生、佐藤真先生、斉藤富士男先生からの話や保谷高校の文化祭について書かれた以下の文献、生徒会誌「むらさき」、文化祭のプログラム、「保谷高校新聞」、ＰＴＡ広報紙「保谷」、生徒会執行部発行の「生徒会新聞」などをもとにまとめたものである（学校に保存してある8ミリ映画のフィルムは見たが）。

・「文化祭における映画のとりくみについて」清水敬一（『多摩の教育』一九八二年）
・「文化祭を変えたもの、支えたもの」佐藤　真（『多摩の教育』一九八四年）

文化祭はどの学校もそうであるが、クラス参加以外に文化系クラブや有志参加もある。しかし、保谷高文化祭はホームルームを単位とするクラス参加が一番メインとなっており、本章はその歩みを一九九三年頃にまとめ、一九九六年に追加したものである。筆者は、保谷高校在職の一二年間のうち、担任をもった八年間以外の四年間は、すべて文化祭を担当させていただいた

（一九八六・八七・九一・九二年度）。

一　燃える文化祭のしくみと伝統は、どのようにしてつくられたか

保谷高校の文化祭が質的に高いレベルで、生徒たちが時間をかけて青春をエンジョイしながら燃えるようになった主な要因は、以下の三つが考えられる。

一、文化祭の「基本方針」（第六回〜）をもち、コンクール形式（第五回〜）による表彰を行っていること。
二、文化祭の三日目に優秀作品の再演・再上映を行っている（第八回〜）こと。
三、文化祭を教師が評価し、物質的・精神的な面で生徒を支えていること（部門別の講習会他）である。

文化委員会の活動はかつては教師の手をほとんど借りないで行われていたが、近年は残念ながら担当教師たちの手がかかるようになってきている。しかし、ことクラスの文化祭へのとりくみについては一年生はまだしも、二年生になると担任が何もしなくても生徒は動いていく。

（一）文化祭の基本方針とテーマを重視するホームルーム討論

文化委員会は、毎年五月に文化祭の基本方針を決定する。近年は伝統ができあがってしまっているのでやや形式的になっているが、保谷高校に入学してきたばかりの一年生にとっては大きな意味をも

つ。食堂（喫茶）は一クラスのみ文化委員会が募る。お化け屋敷や縁日、バザーのたぐいは皆無に近い。これは、二・三年生の実例による教育とともに、**創造性や主張・テーマを重視する**という基本方針があるからでもある。一年生は五月一日の新入生オリエンテーションの時に文化委員会が作成した「文化祭について」のパンフレットを受け取り、卒業したばかりのOBの話を聞く。そして五月の半ば、軽井沢・塩沢湖畔の民宿にクラス単位で二泊して**移動ホームルーム**が行われる。初日の午後一時すぎからすぐ討論がはじまり、どのクラスも二日間でのべ五時間からクラスによっては八・九時間近く討論する。討論の大きな柱の一つは文化祭でのテーマである。班討論からはじまり、だんだんクラスのテーマをいくつかにしぼっていく。移動ホームルームにはじまったクラス討論は、六月半ばの計画書提出時まで続く。安易な多数決では決めないで、できるだけみんなが納得するまで話し合うようにしている。

(二) コンクールの仕方と再演・再上映の制度

コンクール方式は第五回文化祭（一九七七年）において、文化委員会委員長の岡田君たちによって導入された。審査委員会は、各クラスから二名ずつ選ばれた審査委員と一〇数名の教員によって構成される。審査委員は演劇、映写、展示、ポスターの各部門ごとに割りふられる。毎年一学期中に審査基準を決定・確認して、クラスに発表する。文化祭の二日目までの発表が終了したら、審査委員会が五時ごろ招集され、三日目に再演・再上映をするクラスを決定する。演劇の再演クラスを決定するのは大変である。クラスごとに得点を出し、高得点のクラスをリストアップするのだが、演劇クラスが多いので自分の見た演劇しか評価できない。そこで、見た人の講評や意見を聞いて話し合うのだが、なかなか簡単に決められるものではない。五時頃にはじまって、終るのは早くても七時頃になってしまう。得点はあくまで参考である。近年では教員側の発言がどうしても多くなってしまうが、積極的に発言する生徒もいる。三年生は最後の文化祭ということで再演にかける意気込みはすごく、ほとんどのクラスが発表があるまで待っている。夜の七時半近く再演クラスを発表する校内放送が流れると、「キャー」「オー」という歓声が校内に響きわたる。演劇の再演は一九九三年には体育館フロアー三、剣道場二、トレーニング室二で計七クラス（従来は九クラス）に減らされた。そして翌日の九時から午後一時半頃までのタイムテーブルと会場の決定まで、さらに時間がかかる。再演が決まったクラスはそれから夜遅くまで校内や外に借りてある会館で大道具の手直しや、演出の改善も含め、より完成した演劇をめざして最後の練習をする。観客席五〇〇の体育館フロアーに優秀クラスが集中するから、三階のフロアーから一階の剣道場などへ会場変更をせざるをえないクラスもあり、そのクラスはなおさら大変である。三日目の再演・再上映で審査委員は再度それらをみて審査委員会を開き、最優秀賞等の賞の決定をする。その決定を待って閉会式が四時頃から開かれる。閉会式では全団体についてていねいな講評がなされる。一、二年生は再演で三年生の素晴らしい作品を見、また、閉会式での賞の発表時の歓声を聞いて、来年はもっと素晴らしいものをつくろうという意欲をかきたてられる。

（三）文化祭の形式と開会式行事の歩み――オリコンからクラスのＰＲへ

文化祭は当初の二日間から三日間に延長され、開会式行事の内容も工夫されてきた。

第一回（一九七三年）～第三回（一九七五年）……文化祭は二日間。

第四回（一九七六年）～三日間となる。一日目、午前・準備、午後・開会式でオリコン。

第五回（一九七七年）～第七回（一九七九年）一日目、一〇時から開会式でオリコン。

第八回（一九八〇年）一日目・二日目、発表。三日目、九時～一二時、閉会式でオリコン。一二時～一四時四五分、優秀作品の再演・再上映。

第九回（一九八一年）～以後、次の形式に固まる。

一日目	午前　開会式でオリコン	午後　一般公開		
二日目	一般公開	一般公開		
三日目	優秀作品の再演・再上映	大道具解体・片付け	閉会式・表彰	後夜祭

第一五回（一九八七年）～第一八回（一九九〇年）　開会式でのオリコンは廃止され、クラスの作品Ｐ・Ｒ（一クラス一分以内）とフリー・ステージ（ほとんどロック・バンド）。

第一九回（一九九一年）～第二〇回　開会式行事はクラスの作品Ｐ・Ｒと一バンドの演奏まで全員参加。後半は自由参加となる。

＊「保谷高校の歌」からはじまったオリコン

第一回から第三回までは、文化委員会がテーマを決めてオリジナルに作詞・作曲した歌や曲を募集した。オリコン参加者は、全員参加の開会式で発表し、審査・表彰が行われた。
テーマとアトラクション
第一回（第四回文化祭、以下同じ）「保谷高校」の歌　アトラクションなし
第二回（第五回）　青春　前年アンコール賞紹介・音楽部合唱・職員合唱
第三回（第六回）　一三五〇人の交響曲（出発のとき）　バンド（フォーク・ロック）
　前年優秀曲発表・職員合唱・みんなで歌おう!!
　ところが、オリコンの第四回からテーマがなくなり、その後ほとんどエレキ楽器によるロックバンドだけになってしまった。
第九回（第一二回）では原点に帰ろう、ということで全校生徒から「自由」「しんきろう」というテーマで詩を募集し、選ばれた詩に出場団体が曲をつけて発表することにした。その課題曲とオリジナルな作詞・作曲したもの二曲を発表する（クラシック、ジャズ、演歌も可）、というように行われた。
第一〇回（第一三回）では「革命」など四つのテーマでオリジナルな曲の発表を行い、アトランションとしてロシアン・ルーレットも行った。

＊オリコンの再検討からクラスの作品ＰＲへ

しかしこの二回ともエレキバンドしか応募がなく、改善が望まれていた。そして文化委員会が文化祭終了後二、三年生全員にアンケートを行った。その結果「全員参加でいい」四一％「自由参加がいい」四八％となった。

これをうけて、ある教員から「文化祭を考える合宿をやろう」という呼びかけがなされた。一三名の教員有志が集まって奥多摩の民宿で一泊してオリコンのことも含めて語り合われた（一九八七年一一月）。その後「現行形態（全員参加）でのオリジナルコンサートは廃止する。開会式行事のもち方については今後さらに工夫していく」ということを生徒たちに提案することが生徒部でまとまり、職員会議で承認された。三学期に生徒側に提示し、文化委員会は話し合いをした。その結果、これまでのオリコンは廃止し、全員参加にふさわしい行事ということで全クラスが一分間の持ち時間で舞台に上がり、クラスのＰＲを行うことを決定した。一九八八年の第一五回文化祭から実行された。

（四）部門別の講習会

映画製作講習会は、一九七九年に「罪と罰」を製作した野木君が、卒業したあと一九八〇年六月に始めた。その後講師はとぎれることなく、滝沢君→木村君→野沢君へと一九九一年まで引きつがれてきた。この三人はいずれも保谷高校を卒業して日本大学芸術学部映画学科に進学している。野木君は保谷高校を卒業した年の夏から秋にかけて、映画作りの手引のための映画「メッセージ」（三〇分）

を滝沢君たち六期から九期生の有志とともに製作した。この映画ではクラスで映画作りをするときにはどうとりくむべきか、ということが語られている。「罪と罰」と「メッセージ」はその後くり返し上映されて、映画作りのために活用されてきた。滝沢君は「映画製作講習会テキスト」(七Pのレジメ)を作ってくれた（一九八六年）が、それはビデオに変わってしまった最近でも講習会で使われている。かつてブームを呼んだ映画製作の水準はおそらく抜群であろう。三年生は、どのクラスも四〇分をこえるストーリーのしっかりした八ミリ映画をつくっていた（代表的作品は「罪と罰」の他、一九八五年の「出邂いの夏」（二〇七分・後述）である。

演劇講習会はいつから始まったのか定かでないが、一九八七年に演劇部顧問の福田先生から大阪の演劇が盛んな高校で作られたテキストを私がいただいた。それを借用して印刷し直し、その後文化委員の生徒がワープロで打ち直した。さらに「台本制作上の注意」も付け加えられて、一〇Pの「演劇教本」となっている。講習会の内容はかつては最高の出来と言われた「三文オペラ」（一九八一年の最優秀賞）を見せて、教員がクラス演劇をやるにあたって大切なことを話したりしていた。しかし実際に保谷高校で立派なクラス演劇を成功させて卒業していった先輩の話を聞かせようということで、一九九〇年からは、前年に一番評価が高かったクラスのOBを何人か呼んで話を聞くようになった。「アニー」の三年六組が呼ばれたのが最初だった。六月の講習会で呼ばれたクラスは後輩の求めに応じて、その後テコ入れをすることもある。OBはどんな話をするかというと、演劇製作にあたっての技術的なことではなくて、「文化祭でクラス全員をまきこんで演劇にとりくむことが、いかに素晴らしく意義があることか。こんな体験は卒業してからは二度とないだろう。受験勉強のこともあるが、高校時代にしかできないことは力一杯やってほしい」という言わば高校生活をどう生きるか、という精神の話である。

展示講習会は一九八八年の文化祭で、文化委員会が展示をやるクラスを増やそうというキャンペーンをするなかで、始められた。文化祭担当教師が、保谷高校の過去のすぐれた展示や、高文研の本からの他校の素晴らしい展示作品の紹介を含めたパンフレットを製作した。そしてこの年に久々に展示部門最優秀賞を獲得した二年五組は、〝NO NUKES〟の制作過程（担任教師がビデオで記録）に後輩へのメッセージの文字も入れた三〇分のビデオを制作した。これを見せることも行われたりしている。このように、文化祭の質を高めるための努力が、部門ごとの講習会として行われてきたのである。

二　保谷高校文化祭の二四年（一九七三〜一九九六年）

(一) 文化祭はどうあるべきか〈模索期　第一回（一九七三年）〜第四回（一九七六年）〉

創立されたばかりのこの時期は、生徒会執行部や文化委員会幹部と顧問教師などとの間で、文化祭はどうあるべきかをさぐる模索期だったといえるだろう。文化祭ははじめから全クラス参加で出発したが、展示部門が最も多い。「毎年問題になるのは、クラスの出し物の内容である。なぜかいつも、

保谷高校文化祭の24年（1973～1996年）

特色	年　度	クラス数	映画	演劇	展示	食堂喫茶	有志団体	委員会の取り組み 優秀団体　等
模索期	第1回(73年度)	14クラス	3	2	7	2	6	
	第2回(74年度)	24クラス	2	10	11	1	0	
	第3回(75年度)	28クラス	4	10	12	2	7	
	第4回(76年度)	30クラス	8	9	12	1	22	オリジナルコンサート始める。文化祭3日間になる。
第一期 映画ブーム	第5回(77年度)	〃	9	9	11	2	22	コンクール形式採用
	第6回(78年度)	〃	7	10	13		7	文化祭基本方針を作成。映画「Yの悲劇」、展示「沖縄」
	第7回(79年度)	〃	17	4	8	1	3	映画「罪と罰」、展示「熱気球」
第一期 演劇ブーム	第8回(80年度)	〃	7	9	12	1	4	演劇「森は生きている」(2年6組)、映画「分水嶺」、優秀作品の再演・再上映方式採用
	第9回(81年度)	〃	6	13	9	2	5	演劇「三文オペラ」
	第10回(82年度)	〃	8	13	8	1		演劇「検察側の証人」
	第11回(83年度)	〃	9	17	4		6	演劇「そして誰もいなくなった」
第二期 映画ブーム	第12回(84年度)	〃	17	10	3		2	
	第13回(85年度)	〃	20	9	1	1	1	映画「出邂いの夏」、劇「Wの悲劇」
	第14回(86年度)	〃	16	11	3	1	1	演劇「アドルフに告ぐ」、映画講習会テキスト作成
第二期 演劇ブーム	第15回(87年度)	〃	6	24	0		1	演劇教本作成、演劇「二つの祖国」展示「ヒロシマからチェルノブイリへ」オリコンはクラスPRへ
	第16回(88年度)	〃	2	18	10		1	演劇「南北の塔」、展示「NO NUKES」
	第17回(89年度)	〃	3	21	6		0	「ミュージカル・アニー」
	第18回(90年度)	〃	4	23	3		0	演劇「今を生きる」
	第19回(91年度)	29クラス	4	22	3	1	0	演劇「サラフィナ」、8㎜映画が消えてビデオになる。
	第20回(92年度)	28クラス	2	21	5		0	演劇「アニー」、「翼をください」
	第21回(93年度)	27クラス	2	18	6	1	1	演劇「檻の中の国境」
	第22回(94年度)	27クラス	2	18	6	1		演劇「サラフィナ」、「ウェスト・サイド・ストーリー」
	第23回(95年度)	26クラス	0	23	2	1	0	演劇「ラヂオの時間」
	第24回(96年度)	25クラス	1	19	4	1	1	演劇「君となら」

作成．立川秀円、清水敬一

お化け屋敷と喫茶店が多いのである。文化祭とは、そもそも文化的行事をするものであって、お化け屋敷や喫茶店は、少しもそれに準じていない、という顧問の先生の意見をもとに、いつも一つないし二つにしぼっていた（実行委員会書記、小林はる美）」という状況であった。しかし、「夕鶴」（第一回、二年三組）、「ひかりごけ」（第二回、一年四組）や「一一匹のネコ」（第四回、演劇部）など、よかったと評価される演劇が上演されて、よい影響を与えた。クラス参加では展示部門が最も多いのだが「活気がない」と言われるように、見るべきものがなかったようだ。それでも保谷高校は他校にくらべればまだよい、という自負も文化委員会の幹部にはみられた。演劇部門へのクラス参加は二（一四クラス中）→一〇（二四クラス中）→一〇（二八クラス中）→九（三〇クラス中）となっており、映画も三→二→四→八クラスと増えている。第四回文化祭では、かなりよい映画も作られた。

生徒会執行部や文化委員会は質の高い文化祭をめざして努力してきた。第二回文化祭の統一テーマは「三無主義への挑戦、創造からの発見」となっており、第四回文化祭に向けては「祭レベルから文化的レベルへ」（生徒会長、下田直樹）、「文化的レベルに焦点をあてた文化祭」（文化委員長、羽山洋一）という言葉が語られた。

この第四回文化祭の成功と生徒会のよりよい運営をめざして、はじめて合宿研修会が狭山青年の家で行われた（一九七四年）。保谷高校の文化祭を盛り上げていこうという生徒たちの意気込みは、「文化祭を三日間に」という要望となった。そしてそれが職員会議で認められ、第四回文化祭は三日間に延長されて実施された。三日目は優秀作品を再演・再上映して、みんながすぐれた作品を見る機会をふやしたのである。三年生は高校生活最後のイベントということで、すばらしい作品を創るようになっていった。一・二年生はそれをみて「すごい！」と感動するなかで、「来年はもっといいものをつくろう！」と、意欲をかきたてられてきた。

（二）伝統形成期と第一期映画ブーム〈第五回（一九七七年）～第七回（一九七九年）〉

・コンクール形式の採用（一九七七年）

第五回文化祭において、クラスの出し物にたいして審査委員会が審査し、部門別に賞を与えるというコンクール形式がはじめて採用された。プログラムでは次のようにのべている。「本年初めてコンクール形式を取り入れます。これは過去の文化祭で発表したものがそのまま終わってしまったこと、つまりお互いに評価しあうことがなかったわけです。そこでそういったものをなくして少しでも活気ある文化祭を作るために取り入れました。一年目は成功しにくいでしょう。五年くらいかけてやっていきたいものです」。このときは一般生徒からの抵抗もあり、文化委員長の岡田君（当時二年生）は三年のあるクラスによばれて事情説明を求められ、怒鳴られて足が震えながらコンクール形式を採用した意図を説明したのである。

・文化祭の基本方針をもつ（一九七八年）

伝統のもう一つは、文化祭の「基本方針」をもったことである。これは第六回文化祭にさいして、次のような格調高い文章としてまとめられた。

一、**創造性があり、かつ自分達の主張を明確にする。** 文化祭があるから出し物を決めて活動する、というのではなく、私達の創造力を養い、そして主張を発表する場として文化祭は存在する。自分達はいったい何を訴えたいのかをはっきり示すことである。

二、**保谷高生としての自覚を持つ。** 創立当時から保谷高に流れている〝自らの手で！〟の精神を私達も受け継いでいるという自覚を持つこと。この精神は、我々の先輩が築き伝えられたものであり、我々はこの精神を立派に受け継ぎ、それを行動に移し、次の世代へ伝える義務がある。

三、**保谷高生の団結をはかる。** H・Rの主張、出し物を通して、H・R間、さらには保谷高としての団結をはかる。これは文化祭期間中だけではなく、準備や片づけなどその前後行われるもので、〝祭〟のときだけの団結ではない！　そしてその結果を、その後の生活に役立てることが大切である。みんなが協力した〝祭〟を通して、保谷高としての団結が生まれるはずである。

これまで模索されてきたあるべき文化祭像の集大成ともいえるものであろう。この基本方針は、コンクール形式の採用とともに出し物の質を高める大きな土台となってきた。このことはその後の歩みを見ればわかる。お化け屋敷や縁日・喫茶店に類するものは次第に消滅していった。

・8ミリ映画製作ブームと「罪と罰」

さて、この伝統形成期に特筆すべきことは、野木君を監督とするクラス二年一〇組が、「Yの悲劇」（一九七八年）から三年一〇組「罪と罰」（一九七九年）へと連続して映画部門で最優秀賞をとり、素晴らしい作品をつくったことである。「罪と罰」（八五分）はドストエフスキーの作品をもとにしたものだが、「日本の風土を生かした」現代物にし、ストーリーもテーマも大きく変更してオリジナル化された。二年の一〇月にH・Rに提案し、修学旅行で行く京都の紅葉をはじめ、クラスの人が遠くに旅行に行けばカメラを持たせて撮影するという感じで、多くのロケーションをしながら製作されていった。一二月中にシナリオが完成し、一二月二七日にクランク・イン。そしてクラス全員（担任も）が出演し、セリフも最低二回は言うという総がかりの大作であった。「人間の心理的描写」をも追究し、シナリオも五月と八月に修正する。こうして一年間もかけてつくられた大作であった。演技力・映写技術もかなりのもので、大変見ごたえのある充実した映画に仕上がった。

この年（一九七九年）は三〇クラスのうち一七クラスが映画製作にとりくむという空前の映画ブームのピークとなり、「火のくつと風のサンダル」（三年七組）や「夢織人」（有志、最優秀賞）など秀作が並んだ。「罪と罰」は後輩のために、もう一本の8ミリフィルムとしてリプリントして保存することが、生徒総会で可決された。

野木君は卒業後（一九八〇年）六月に六日間の映画製作講習会を開き、後輩がまともな映画製作にとりくめるように力をつくした。この講習会が野木くんから滝沢君、さらに木村君（一二期生）から野沢君（一六期生）へと引き継がれ、保谷高生の映画作りの高い水準が築かれてきた。

第八回文化祭（一九八〇年）は演劇クラスがふえて映画は七クラスとなってしまうが、三年生では「罪と罰」の影響をうけて探偵映画ブームがおこった。「分水嶺」（三年三組、最優秀賞）や「Oの焦点」（三年一組）、「ABC殺人事件」（三年九組）などの高いレベルの映画が製作された。とくに「分水嶺」（森村誠一原作）を製作した三年三組は、二年のときには「そして誰もいなくなった」で優秀賞を獲得しており、社会派映画で高い評価をうけた。（この節は一部清水敬一、佐藤真氏の文章による）

（三）第一期演劇ブームの時期〈第八回（一九八〇年）～第一一回（一九八三年）〉

・文化祭の充実をめざして

この時期はひき続き保谷高文化祭の伝統が作られていった時期で、最初の演劇ブームが起こった時期でもある。文化委員会や保谷高祭代表者会議では「以何にしてより充実したものにするかと考えてきた」（第八回保谷高祭代表者会議代表、平田勝紀）。文化委員長も次のようにのべている。「文化委員会でも安易な計画の所は何度も何度も話し合い、けんか腰になりながら今まで進めて来ました。だから今年の出し物の中に、一見、題が軽薄に見えるものがあっても、中身を追求していくと案外底が深いのではないかと思います」。

・演劇ブームがおこる（一九八〇年）

一九七九年の演劇はわずか四クラスだったのに八〇年の第八回文化祭では九クラスになり、以後、一三、一三、一七クラスと増加し、第一一回（一九八三年）が演劇ブームのピークとなった。一方映画は、七、六、八、九クラスとなっており、その分展示クラスが減ったのである（一二、九、八、四）。

第八回文化祭では、先に述べたように三年生では映画作りが盛んだったが、一方で、二年の二クラスが「打倒三年」をめざして演劇でチャレンジした。その結果、演劇部門では二年四組が「**森は生きている**」で最優秀賞に、二年二組が「まちがいつづき」（シェークスピア）で優秀賞を受賞して、一・二位を独占した。三年は一クラスのみ優秀賞を受賞したにとどまった。

第九回文化祭（一九八一年）では、演劇部門ではじめて三年の二クラスが最優秀賞を獲得した。ブレヒトの「**三文オペラ**」を上演した九組は「ダメクラスといわれた反骨心で四四人のクラス全員が役者になり、全員がセリフを言うという壮大なスケール」であった。剣道場を使いきった三年四組の「**船乗りクプクプの冒険**」は、二年の時の「森は生きている」に引き続き連続して最優秀賞を獲得した。担任も出演して最高の演技力を見せた。この学年（八期生）は演劇学年であった。

これらの素晴らしい演劇の到達点が、第一〇回、三年七組の「**検察側の証人**」（最優秀賞、このクラスは二年時に優秀賞受賞）、第一一回、三年二組の「**そして誰もいなくなった**」（最優秀賞）へとつながっていく。この時期の演劇は、シェークスピア、モリエール、アガサ・クリスティ、ブレヒトなどがよくとりあげられた。

映画は演劇に比べれば細々としていたが、レベルは確保していた。
（この節は全面的に斉藤富士男氏の講評プリントによった。）

（四）第二期映画ブームの時期〈第一二回（一九八四年）～第一四回（一九八六年）〉

第一二回文化祭から第一四回文化祭は、第二期映画ブームであった。この三年間は、演劇ブームのピークの第一一回文化祭から映画優勢に逆転したのである。演劇クラスは一〇、九、一一にたいして、映画クラスは一七、二〇、一六クラスと変化した。映画講習会は毎年六月に二～三回行われて、滝沢君から木村君へと引き継がれていくが、滝沢君は日本大学芸術学部映画学科のシナリオ専攻に進学していたこともあり、シナリオ製作の基礎を含む「映画製作講習会テキスト・企画から脚本まで」をつくってくれた（一九八六年）。

第一二回文化祭は、映画、演劇ともに最優秀賞がなくその点ではさみしかったが、七月～九月は、職員室から廊下、中庭や校門周辺など学校のあちこちで、八ミリ映写機をかまえて撮影するもの、照明ライトを照らすもの、キャストや監督などが集まってワイワイと活気があふれて、見ていて楽しい風景が連日見られた。このような映画ブームの高まりは、翌年の第一三回文化祭でピークとなり、何と二〇クラス（史上最高）が映画製作に取り組んだ。三年生の製作する映画はどのクラスも高い技術レベルだったが、この年に一九七九年の「罪と罰」にも匹敵する大作「出遡いの夏」（一〇七分・三年二組）が生まれた。

・「全員スタッフ・全員キャスト」で生まれた「出邂いの夏」（一九八五年）

この映画作りは二年の一一月、修学旅行のときから始まった。八ミリの映写カメラを広島まで持っていって、広島の風景をとったのである（実際にはそのフィルムは使われなかったが）。シナリオを自ら書き監督になった龍野さんは、小学校四年生のときに、松谷みよ子の『ふたりのイーダ』を読んで感動した。それ以来戦争と平和の問題はずっと考え続けてきたが、保谷高校に入ってからそのストーリーをベースに高校生向きのオリジナルな「反戦」映画をつくろう、という構想をあたためてきた。二年の三学期にホームルーム運営委員会に提案したらすんなり受け入れられ、ロング・ホームルームで発表した。

春休みに入り、総指揮者の山田君以下一〇名ほどのスタッフで集団的に脚本製作にとりかかる。龍野さんが書いたストーリーの原案に補強や変更をしながら場面ごとに分担して脚本を書き、あとでみんなでチェックする。クラスでは「全員スタッフ・全員キャスト」という方針をたて、最低一言でもセリフを言うことになる。その後、日曜・祝日と七・八月の五〇日間はほとんど毎日ロケ、撮影という熱中ぶりで、担任から小学生の弟や妹、アメリカン・スクールの先生などにも出演してもらう。文化祭直前の一週間は、編集、音楽・音響、録音の係は何日も友達の家に泊まりこんで作業をする。総指揮者の山田くんは、この間家に帰れず、ほとんど毎日徹夜というありさまだった。

文化祭当日は、一時間四七分の大作を二回にわけて上映したが、三回目からは物理講義室は満員で大勢の人が立ったまま見た。終わった瞬間、一斉に大きな拍手がわきおこり、涙をだして出てくる観客を見て、クラスのみんなも感激して泣いた。映画に挿入されている音楽がまた素晴らしく、これは編曲した一曲を除いてすべて伊東君が作曲し、エレキギターによる演奏も彼と友達とでやった。文化祭後、このオリジナル曲を集めてダビング・編集してカセットテープにおさめた。きれいなカバーもつけて一本千円で分けていったら、三〇本ほど売れたということである。また、映画はビデオテープにしたが、記念にほしいと希望するクラスの人に二〇本ほどダビングして配った。「**出邂いの夏**」は上映時間が長すぎたため（文化委員会の規定は四〇分以内）、表彰からはずされてしまったが、後日の生徒総会で保谷高祭実行委員長の根津君から、ビデオ化して学校に保存したいという提案がなされて、可決された。文化祭終了後も、もう一度上映してほしいという要望が起こり、視聴覚室で上映されたが、観客でいっぱいになった。

（映画「出邂いの夏」製作物語　龍野香代子　月刊「高校生」一九八六年六月号、『ぼくらの馬車を星につなげ』高校出版にも収録されている）。

この年は、三年六組の映画「空席」（優秀賞）も、ミステリー・ストーリーと特殊撮影で話題を呼んだ。高校生が四階の教室から飛び降りたり、近づいてくる西武電車にひかれそうになるシーン。コックリさんをやっていて、ひとりでに一〇円玉が動いたり、亡くなった女子高生の霊が現われたりするシーンなど、観客を楽しませた。三年生の演劇は三クラスのみだったが、「**Wの悲劇**」（三年六組・最優秀賞）をはじめ、レベルは下がってはいなかった。

・再び演劇ブームをつくるきっかけとなった「アドルフに告ぐ」（一九八六年）

第一五回文化祭は、引き続き多くのクラスが映画製作に取り組み、とくに三年生のつくった映画は高い技術水準を示した。しかし、全体的にみて、テーマ＝何を訴えるのかという点の深い追求が弱まっているという印象がぬぐいきれなかった。「SIXTH　COINS」と「CROSS　POINT」が優秀賞となったが、映画部門では「出邂いの夏」は別として、一九八二年以来最優秀賞はでていなかった。

こうしたなかで、次の第二期演劇ブームをつくるきっかけとなったのが、三年六組の**「アドルフに告ぐ」**（最優秀賞）である。手塚治の漫画をもとに脚本化したもので、体育館正面の舞台とは別に大きな第二舞台を観客席からみて右手前方に作り、日本からドイツまた日本へと場面転換をうまく展開し、歴史の中での人間の内面をスケール大きく描いた大作であった。教室で大道具を作ったら、大きすぎて外に出せなくなってしまった、というエピソードも語られていた。三三名のキャストが力演し、大成功をおさめた。「アドルフに告ぐ」は、三年の他のクラスの演劇が「やや期待はずれ」（優秀賞なし）といわれるなかで、テーマの歴史性、社会性という点でも、大がかりな舞台装置という点でも、次年度以降の文化祭に大きな影響を与えた。以後、三年生は、体育館の広い舞台を利用して大きな舞台装置を作り、本格的な演劇を行って競い合うという雰囲気が生まれた。第二舞台、さらに第三舞台をつくることも流行った。なお、この年には、三階体育館フロアー（五〇〇席）、剣道場（一五〇席）

の他に演劇の第三会場を、会議室からトレーニング室（一五〇席）へと移した。トレーニング室で劇ができるように、レールをしき、緞帳を購入した（約三〇万円）のである。会議室では舞台が狭く観客も大勢は入れないので、文化祭演劇担当の斉藤先生の発意で改善したのである。

・展示部門の衰退

この時期の文化祭プログラムのなかでは基本方針のことがきちんと書かれており、文化委員会のほうでも出し物の質を高めるために努力していた。「展示のすすめ」というプリントも作成して配布した。しかし、映画や演劇が盛んな中で展示部門の衰退はおおうべくもなく、一九八三年に前年の八クラスから四クラスに激減して以来、三、一、三クラスへと減ってしまい、一九八七年はついに展示クラス〇となってしまった。内容的にもこれはというものがなく、奨励賞や努力賞のみであった。

コラム　大型演劇の会場作り＝「校具移動」

保谷高校の演劇は体育館三階のフロアー（五〇〇席）、剣道場（一五〇席）、トレーニング室（一五〇席）の三会場（八九年から四年間は、一年生は教室）を使って行われる。剣道場とトレーニング室は業者に頼んでレールを設置し、緞帳が開閉できるようになっている。そして生徒たちが机や椅子、たたみ、シートなどを運んで教室とは格段に違う大きな舞台をつくる。正面の舞台だけでは足りなくて、観客席に近い右わきや左わきに第二舞台や第三舞台をつくるクラスも多い。照明器具も年々買いそろえてきて、音響も含めて本格的な演劇ができる条件をつくってきた。文化委員の校具移動担当の生徒は、数学に強い（？）教員と一緒に教室から特別教室にいたるすべての机、椅子、長机、教壇、教卓などの数を数え、たたみや暗幕、カーテン、ロッカーなども含めて使用団体ごとに割りふる。そして文化祭前日、全校一斉に放送に従って校具移動を行う。剣道場とトレーニング室の会場作りはとくに大変である。しかし、自分たちがスポットライトをあびて演劇をする会場をつくるのであるから、黒のラシャ紙を高いところにある窓に貼ることも含めてせっせとやる。こうして保谷高校ならではの演劇の三会場ができあがる。三年生はどのクラスも広い三階フロアーを希望するが、7クラスが限度である。会場を出し物との関係で話し合いで決めたいところだが、譲るクラスはほとんどなく抽選で決めることになる。会場でのリハーサルは三回保障している。

（五）第二期演劇ブームの一〇年間〈第一五回（一九八七年）～第二四回（一九九六年）〉

文化委員会による演劇の時間制限はこの頃、三年生は七〇分以内、一、二年生は六〇分以内となっていて、どのクラスも制限時間ぴったりか、数分オーバーで終わっている。大幅にオーバーすると審査にひびくからである。演劇クラスが多すぎて、文化委員会で時間制限を設けたのである。

・第二期演劇ブームと社会派演劇（一九八七年）

第一五回文化祭は、保谷高校で二回目の演劇ブームのはじまりの年となった。この年はなんと二四クラスが演劇にとりくみ（史上最高！）、映画が六クラス、展示は〇になってしまった。三年の演劇九クラスは「落ちこぼれ」もなく、どのクラスも高いレベルで下級生を感動させた。名作、文芸大作からミュージカル、オリジナルものまで意欲的にとりくみ、テーマの追究という点でも、演技力の点でも、過去の伝統に恥じない（あるいはそれを超える？）素晴らしいものであった。この演劇ブームをつくるきっかけになったのは前年の「アドルフに告ぐ」で、それを見た二年生が三年生になり、多くのクラスが社会的テーマをもった作品にとりくんだ。「二つの祖国」（山崎豊子原作）にとりくんだ三年九組は、賞をとることよりもみんなで満足できる演劇をやりきることを優先させて、二時間の大作を成功させた（時間オーバーで表彰からはずされた）。「太陽の子」（三年一組、優秀賞）は、沖縄戦の写真をスライドにして劇の中に挿入し、リアリティをもたせた。「マイ・フェア・レディ」（三年二組、優秀賞）は、この年の他のいくつかのミュージカルものとともに、現在（一九九四年）まで毎年いくつかのクラスが、ミュージカルにとりくむ先がけとなった。ダンスの講師もされている警備員の田中さんに熱心に踊りを習い、バック・ミュージックも手づくりの生演奏で、観客を楽しませてくれた。この他、「アンネの日記」や「斑点」（エイズ患者にたいする差別をテーマにしたオリジナル作品で、舞台はアメリカ）などの社会ものがあったが、文化祭二日目の演劇の終了が七時近く、再演を決める審査委員会は九時頃までかかってしまった。

映画は六クラスがとりくんだが、三年は一クラスのみだった。三年六組の「ＣＩＴＹ　ＬＩＧＨＴＳ」（チャップリンの映画を模した無声・字幕入りの映画）が優秀賞を獲得したが、この映画が保谷高校八ミリ映画製作史上最後の優秀賞となってしまった。なお、クラス展示は皆無のなかで、一年と三年の有志が「ヒロシマからチェルノブイリへ」にとりくんだ。三年の安野君は夏休みに保谷市主催の平和バスで広島や浜岡原発に行き、そのときの写真や被爆写真パネルなどを展示した。一年生は破壊されたチェルノブイリ原発のミニ模型も製作したりして二教室展示し、奨励賞を受賞した。数年間低迷していた展示部門でもがんばれば賞がとれることを示し、次年度以降に影響を与えた。

・アイヌへの差別を告発した「南北の塔」（一九八八年）

第一六回文化祭は、ひき続き三年生の演劇の健闘がめだった。内容的にも昨年からふえた社会派演劇が重要な部分をしめ、充実していた。「南北の塔」（三年五組、優秀賞）は――結婚式をあげたばかりのアイヌの青年が徴兵されて沖縄へ行く、沖縄戦においてアイヌの人たちは武器も与えられずに沖縄出身の兵隊とともに差別される、主人公のカムイは「きっと生まれ故郷へ帰ろう」という仲間との誓いもむなしく死んでしまう――このような戦争とアイヌの人たちへの差別を告発した作品で、アイヌの衣装やメイキャップも含め観客を驚かせ、感動させた。台本を書いた斉藤さんは家族と一緒に沖縄へ二度行った体験をもち、沖縄戦の真実と南北の塔の存在を知るなかでこの作品を仕上げた。この年の社会派演劇としては他に、「遠い夜明け」「誰がために鐘は鳴る」「アンクル・トムの小屋」などがあった。優秀賞は「ハッシャー・バイ」というコミカルな現代演劇をやった三年四組が獲得したが、審査委員会では高いレベルで素晴らしい作品が多いので評価してあげたいということで、三年の三クラスが特別賞を受賞した。

この年は文化委員会が会場の都合で演劇クラスを二〇以内と制限し、展示を強く勧めたこともあって、数年ぶりに一〇クラス（一年生は八クラス）が展示にとりくんだ。そして二年五組の「NO NUKES」がひさびさの最優秀賞を獲得した。教室の後ろの天井から前の床の方まで坂のようにした巨大パネルを製作してセットし、原発風景を描く。教室を真っ暗にする。そして大パネルの内側で自転車をこいで自家発電をし点滅させる、という長い時間をかけて製作し工夫された見事な展示で、多くの参加者に反原発を訴えた。一方、一年生では文化委員会が催し物などを自由にやってよいとしたこともあって、お化け屋敷的なものや祭り・カラオケをやるクラスも出てきた。映画は二クラスと過去最少であり、八ミリ映画の凋落を示した。これは機材の入手難など技術的な困難さがますます増してきたという背景がある。映画に変わるものとしてこの年はじめて、ビデオを展示部門の一つとして認めた。しかし三クラスとも完成度は低かった(この年度のまとめは小沢拓三先生の文章を一部引用・参照させていただいた)。

・三年ぶりの最優秀賞「アニー」（一九八九年）

第一七回文化祭は演劇のクラス制限をしなかったために、演劇二一、展示六、映写三クラスとなった。一年生は体育館ではなく「教室演劇」をすることにして、演劇をやりたいクラスの発表の場を保障したのである。教室演劇は狭いので声もよく通り、観客と役者が至近距離で、しかも三回上演できることもあって、おおむね好評だった。社会的なテーマの作品は減ったものの、三年生は高いレベルの演劇を行った。とくに三年六組のミュージカル「アニー」は、数年前から登場してきたミュージカルもののピークをなす完璧の完成度で、生徒の間で大評判になった。演劇部門では三年ぶりに出た最優秀賞である。

このクラスでは、「みんなでやること」「スケールの大きいものをやること」という方針をたてて、一カ月もの討論のすえ、「アニー」に決定。六月の半ばに台本ができあがり、その月の終わりごろから練習をはじめた。夏休みもがんばり、パートごとに週二・三日は練習をする。中心メンバーは八月の終わり頃、クラス全員の「友好親善キャンプ」を計画した。一・二の級友の親が参加に反対したため、結局キャンプは実現しなかったが、それに変わる大討論会にはほとんど全員が参加した。八月の末の三日間は福祉会館で集中練習をし、はじめて通しげいこをする。夏休み中にクラスの中心メンバーの何人かは、何日も友達の家に泊まりこんで帰らなかったという。九月に入ったらほとんど毎日一〇時頃まで練習。そして本番。体育館の高いバルコニーから飛びおりるシーンもあり、観客は思わず「キャー」。アニーをはじめとするキャストの完成された演技と踊り・歌、大がかりな舞台設定と体育館全体をうまく使った演出などで、超満員で立ち見も含めた観客を感動させた。三年六組四七人は「アニーにとりくむなかで、みんなが成長した」（上演終了後、舞台上で鈴木君がのべた）のである。

三年の他のクラスの演劇にも素晴らしいものが多かった。昨年「NO NUKES」にとりくんだ三年五組はスケールの大きな「天使達が街を行く」(優秀賞)を上演した。観客は美しい目を見はらせる舞台美術に感心し、コミカルな演出に驚き、楽しんだ。このクラスは三〇冊をこえる本から台本を選び、四九名全員で徹底的に話し合って役割分担を決めた。配役もオーディションを行って決定する。体育館の舞台背面のほとんどを、ベニヤで作ったパネルをいっぱい並べて絢爛豪華な宮殿に改造。白い彫像は上半身裸で、全身を真っ白に塗った人間が不動でたちつくす。突然動き出して、爆笑!。このようなユーモアあふれる演出と、役柄をよくこなしきったキャストの演技で大成功をおさめた。この劇をつくっていく中でみんなで書きあうノートをつくり、二冊になった。

三年九組の「ゴジラ」(優秀賞)も、現代日本を舞台にした軽快な会話とユーモアある演出による社会風刺の入った演劇で、雑誌に載っていた台本をよくこなした。映画は、技術的にまったく素人の一年生三クラスが講習会に熱心に参加してよくがんばり、映画復活の望みをもたせてくれた。展示では一年生としてはしばらくぶりで九組が「青」で優秀賞を獲得した。教室を三つの部分に分け、中央は潜水艦の中となる。片側の窓から外を除くと、東京湾の汚い海中が望め、前に移動して今度は反対側の窓から外を見ると竜宮城につき、男子が女装した乙姫様とその召使がいる、という工夫されたものだった。しかし、他のクラスのものはレベルが下がり、迷路やお化け屋敷も登場した。

コラム　二年九組「H・R通信」（立川クラス・一九八九年一〇月二日・第六号）より

みんなが力を出せば、すばらしいものが創造できる！

――観客を楽しませた『不思議の国の……』

六月のはじめ頃だったか、H・R運営委員と文化委員などの人が集まり、文化祭について話し合いました。男子をまとめていく人も入って実行委員会のようなものをつくったらどうか、ということをぼくも言いましたが、向さん、堀さん、深井さん、田辺さんたちが中心になって、まず、台本づくりから始めることになりました。テーマは、H・Rでの話し合いの結果、「マイ・ジェネレーション」がしりぞけられ、「童話」と「ラブ・アンド・ピース」をまぜて行うことにきまりました。みんなの動きを見ていて、これなら何を言わなくてもどんどんやっていくな、と思ったので、ほぼ完全に自主運営にまかせました。さすが、保谷高校二年生。でもクラスによっては生徒が動かなくて担任がいろいろ気を回していることも聞きました。二年九組の女性のパワーはすばらしい。男子もキャストから、大道具づくりなど、最後の一週間、力を発揮して、評判どおり、再演となりました。おめでとう。

九月になって、短すぎる台本を堀さんが全面的に直し、歌を入れ、ギャグもたくさん入れた完成されたものにしました。このオリジナルな創造力はたいしたものだと思いました。今年はオリジナルが少なく、『白雪姫』（三年一組）とうちのクラスぐらいしかなかったのではないか、と思います。そして、歌と踊り、バック転など、見るものを楽しませました。音響もとてもよかった。場面にあった音楽、幕間も軽快な楽しい音楽を流し、スターンさん（外人講師）の声も入ったりして、展開もとてもスムーズにいきました。置くところに困って苦情もきた大木などの大道具も、長岡くんたち男子がとてもうまくつくりました。大木を両わきにおいて別の場面に使ったり、ハンプティ・ダンプティのすわる高い台などいつの間に作ったのだろうと思いました。

衣裳の人もがんばりました。とても楽しい装いで、小道具とキャストの演技とで、観客もよく笑っていました。おそらく一番笑いが多かった劇ではなかったでしょうか。さて、キャストの演技は、三年生に比べればまだまだですが、アリスは深井さんが力演しました。来年は今年の経験を生かして、基本的な発声をはじめとして、本格的な演技ができるようになることを期待します。

最後に、今年もすばらしい伝統ある保谷高文化祭が終わりましたが、これを支えた文化委員会総務の中心となってがんばった三沢さん（開会式のバックの絵はすごかったね、司会もいい声を聞かせてくれました）と森くんに拍手を送りましょう。追伸　うちの六歳と三歳の二人の娘が、喜んでビデオを何回も見ています。

＊感銘を与えた「今を生きる」（一九九〇年）

第一八回文化祭は、演劇二三、映写四、展示三クラスとなった。この年の三年生（一七期）は一年のとき八クラスが展示をし、三年間映写部門に一クラスも参加しなかったという学年だったが、全クラスが演劇となった。とりかかりは一部のクラスを除いて従来より遅かったが、よくがんばってレベルを維持した。「今を生きる」（三年一組、最優秀賞）は、新しい映画をもとに劇化したものだが、前評判どおり、各役者のバランスのとれた素晴らしい演技力と深いテーマ・内容で観客を感動させた。「今を生きろ、少年たちよ、自分自身の人生を忘れがたいものとするんだ」。青少年時代にどの若者も悩む恋愛や進路の問題、真の芸術への欲求、世俗的な親や学校との対立・葛藤、本物の詩や芸術を伝えようとするキーティング先生と生徒達との心のつながり。このクラスでは毎日の練習が終わったら、劇の内容や解釈について徹底的に話し合った。「威風堂々のマーチ」をバックにキーティング先生が学校を去っていくラストシーンは、観客に深い感動と涙を催させた。現代の問題にもつながる新しい青春ものの登場は、保谷高文化祭に新鮮な風を吹きこんだ。

「曲り角の悲劇」（三年三組、優秀賞）は、剣道場という狭い空間を、アイディアをこらした巧みな舞台装置と照明や音響などで最大限にうまく活用し、人間心理の奥底にせまる見事な劇をつくりあげた。「白線―ホワイトライン」（三年九組、優秀賞）は二年ぶりのオリジナルの佳作で、オリジナルな歌や踊りも含めて創造性豊かにまとめあげた。このクラス（担任は筆者）では、「麻薬問題をテーマに」という三人の女生徒の提案以来、他の作品を主張するクラスの生徒たちと一カ月も討論した。そして、「賞はとれなくてもいいから、オリジナルなやりたいものをやろう」という主張が多数派となった。放課後有志が残って話し合うなかで、黒人差別も含めたものにしていくことになり、堀さんが台本を書きあげた。アメリカ社会、ひいては日本の未来にもかかわるテーマをうまくまとめあげた。この年はビデオ作品としてははじめて、一年五組が「ふろん」という作品で敢闘賞を受賞した。

＊アパルトヘイト反対を訴えた「サラフィナ！」（一九九一年）

第一九回文化祭は、演劇二二、ビデオ四、展示（食堂を含む）三クラスとなり、とくに二・三年生二〇クラス全部が演劇という事態ははじめてであった。三年生は全体的に昨年より早くからとりくみ始め、九月に入ると廊下が大道具であふれて通りにくいほどで、熱気が伝わってきた。体育館フロアーで八クラスが演劇を行ったが、どのクラスも時間をかけた練習をした結果、昨年以上に充実した高いレベルの演劇をみせてくれた。三年九組の「**サラフィナ！**」（優秀賞）は、一九九〇年に来日公演した南アフリカ共和国の同名のミュージカルを見た友人の話を級友がもちこんできて、クラスでこれに決定したものである。ソウェト蜂起の伝統をもつ南アフリカの高等学校が舞台の、アパルトヘイト反対を訴えた感動的な物語だ。このクラスは二年のときも劇をやったが、失敗した。三年になり、推薦制で文化祭プロジェクトチームをつくる。四月からいろいろなビデオをたくさん見たが、いっこうに決まらなかった。やっと六月に「サラフィナ！」に決定。役決めはやる気のあるものの立候補制で、主人公や他の重要な役もすんなりと決定した。台本作りは非常に苦労した。発売されているビデオは「サラフィナ」というミュージカルの制作過程のドキュメントである。公演のときのパンフはあらすじだけ。そこで新聞社から英語のビデオの台本を送ってもらって、翻訳したりした。また九一年のアパルトヘイト廃止の歴史的決定も台本につけ加え、オリジナル性あるものへと作り直していった。歌は楽譜も出版されていないので、ＣＤを聞いて音符にしていく耳コピーの要領ですすめていった。夏休み。近くの公民館をさながら連日のようにとって練習しようとしたが、来るメンバーはいつも同じ顔ばかり。「今を生きる」をやった先輩を呼んで話を聞いたりしたが、効果があがらない。しかし、練習に来る人達からは様々なアイディアが続出し、劇の内容についても夜遅くまで話し合うようになった。九月一日、放課後。近くの公民館に学校からなだれこみで、みんなが集まった。変わった。集まった人達の全神経が「サラフィナ！」に没頭していた。こうして台本の見直し・完成から歌と踊りへとみんなに火がつき、本番の大成功へと向かっていった。当日は会場から泣き声も聞こえるなかで、みんなが完成された「サラフィナ！」に涙を流した（小樽君の手記による）。

三年四組の「赤毛のアン」（優秀賞）は、アンをやる予定のSさんが本番九日前に盲腸になって入院というハプニングが起こるなかで、石川さんが急拠アンをやることになった。石川さんは二日間でセリフを覚えてしまい、他のキャストとともに見事な完成された演劇をやりとげた。このクラスは山場の少ない名作をどう劇として表現していくか大変苦労し、台本は九月の初めのころまでに何回も練り直す。四作目で、やっとみんなの納得いくものができ上がった。場面の雰囲気を「味わいながら楽しむ」ものにするために、大道具・小道具は一カ月以上もかけて丹念に作り上げた。演出も並木道やプリンス・エドワード島の景色を想像してもらえるように工夫し、「ロンドン・エア」の曲を生演奏部分も含めてテーマ曲とした。こうして、本当に胸にジーンとしみいってくるような素晴らしい演劇を作り上げた。

八ミリ映画は、クラス参加からはついに消えてしまった。展示部門は一年六組が「食と自然の追求」

というテーマで教室で展示するとともに、渡り廊下をフルに活用して喫茶室をつくり、お客もいっぱい入って好評だった。

＊再び「アニー」、差別を告発した「翼をください」（一九九二年）

第二〇回文化祭は、昨年に引き続き二・三年生が全クラス演劇にとりくんだ（一年と合わせて二一クラス）。文化祭の前は例年より静かで心配する声もあったが、ふたをあけたら三年生は全クラスが二年連続演劇（もちあがりクラス）ということもあり、充実した演技力でどのクラスもさすが三年生、と感心させられた。夏休みから会館などを借りてよく練習した成果だった。しかし、大道具についてはこれはと思わせるクラスはなく、やや物足りなかった。

「アニー」（三年三組、最優秀賞）は三年前に三年六組がやり保谷高のミュージカル史上最高との評価を得ていたので、それを見ている教員からはやや厳しい評価を受けたが、大勢のキャストをよくまとめ、スケール大きく、またユーモアに富んだ演技もあって観客を楽しませた。音楽はすべてピアノの生演奏で、独自性をだそうとしていた。「翼をください」（三年六組、優秀賞）は久しぶりに現代日本の問題をテーマにした学園もので、差別に悩む高校生の姿を大勢のキャストがバランスよく演技し、主人公の先生役も好演した。このクラスでは夏休みに級友を失うという不幸を体験したが、苦しみをのりこえて文化祭を成功させた。「ブラッド・ブラザーズ」（三年七組、敢闘賞）は新しいロンドンのミュージカルだが、台本を都心まで行って捜しあて、著作権の関係でコピーできないので五人で手書きで五冊のノートに写してきた。ビデオはもちろんないので、まったく台本だけから剣道場での演劇の世界を創造した。双子の兄弟をはじめとする子役たちや彼らをとりまく人々のユーモアたっぷりの演技は観客を楽しませ、とりわけ母親の迫力ある演技は素晴らしかった。オリジナルな曲も三曲つくり、四人で演奏した。また、二年生にもよく健闘したクラスがあった。

一年生は三部門に分かれたが、クラスのとりくみ方によって差があらわれた。一年五組の展示「環境について」（優秀賞）は空き缶を一万個以上集め、中庭に並べてでっかいエコマークをきれいに描いた。教室でも牛乳パックをとかして再生紙を作ったり、かいわれ大根を使って酸性雨の実験をしたりした。一年三組の「ネコ死んじゃった」（優秀賞）はビデオ部門ではじめて優秀賞を獲得した。環境問題に関心がなかった主人公の高校生にネコが現れ、環境を破壊している人間達に警告をする。彼は「現代社会」の資料集をふと見たり、テレビの特集番組を見たりして環境問題に興味をもつようになる。しかし、自動車にひかれて死んだネコが人間に復讐する。水を飲んだ友達や主人公の高校生も最後に死んでしまうというオリジナル・ストーリーで、はじめて見ごたえのあるビデオ作品が登場した。一方、縁日やコーラ販売など、展示より販売が第一というようなクラスもあらわれた。

コラム　文化祭の組織者・文化委員会の総務会（一九九二年頃の様子）

文化委員会は各クラスより二名ずつ（男女各一名）選出された文化委員から構成される。四月の第一回文化委員会で一・二年生から約二〇～三〇名の総務を選出し、この総務会が文化祭の組織者・推進力となってきた。しかし、学級減（一〇クラスから九クラスへ）による文化委員の減少と装飾（校門のゲートと屋上の垂れ幕）の仕事（総務会）の負担の大変さも考え、一九九二年度から一・二年の文化委員全員を各パートに割り振ることにした。そして各パートから二名〜四名を出し、二〇名ほどが総務のメンバーになる。総務会は毎週一回集まって、文化祭全体を組織する仕事をする。文化祭前一週間は下校時刻がどうしても一般生徒よりも遅くなってしまい、以前よりはだんだん早く帰るようになってきたが、七時半〜九時・一〇時過ぎ（直前）になってしまう。一九八六年〜八八年頃までは顧問はあまり口をださず、だいたい自主的に動いていた。三年になった文化委員が差し入れに来たり、てこ入れにやってきたりしていた。仕事も各パートごとに先輩から後輩へと引き継がれてきていた。しかし、ここ数年自主的な活動力が弱まってきており、顧問教師の役割が大きくなってきた。

それでも、ホームルームの生徒たちは一年の時はまだしも、二年にもなれば担任が何を言わなくても文化祭のことをどんどん生徒自身ですすめていってくれる。文化委員会からの働きかけがあり、それをうけとめて積極的にとりくんでくれる生徒がいるのである。

＊外国人労働者の問題を訴えた「檻の中の国境」（一九九三年）

第二一回文化祭では二年六組が食堂にとりくんだが、二・三年の他の一七クラスと一年の一クラス計一八クラスが体育館での演劇にとりくんだ（教室演劇はなくなる）。三年生はどのクラスも公民館などを借りて長い時間をかけて練習し、熱のこもった演劇を見せてくれた。

三年一組の「檻の中の国境」は外国人労働者問題をテーマとした一幕もののセリフで聞かせる本格的な現代演劇で、見事にやりきって最優秀賞を獲得した。このクラスは去年の文化祭では「毒薬と老嬢」をやって好演したが、その熱が冷めないとき、内村さんがテレビのニュースでこの劇のことを紹介していたのを偶然見た。外国人労働者が檻の中に入れられているシーンで三〇秒ほどの短い時間だったが、頭に残って「面白そうだよ」と級友に話していた。文化祭のシーズンになってその台本を探してみようということになった。女子一〇人ほどで都心の本屋へ行ったが、みつからない。夜六時からニュースをやっている全部のテレビ局に電話したり、演劇の専門誌にも問い合わせる。結局「ピア」のバックナンバーをくるなかで、やっと公演をした劇団をさがしあて台本を送ってもらった。内村・高梨コンビで演出・監督をやり、演劇部の中野さんも発声練習他いろいろ知恵を貸す。けんかをしたりしながらも、男子を含めクラス全員をまとめていった。キャストは二人が役にあった人を選んで、頼んだ。舞台は新宿の警察署。謎の密告電話が入り、コカイン所持でペルー人が連行されて来る。その調査中にまた、女性がカバンをひったくられた、といってインドネシア人がつかまってくるが、それを目撃した二人の中国人も来る。刑事は言葉の壁がある中で、スペイン語などのわかる留学生の女の友人に通訳を頼むのだが……。キャストは外国語を、本物のインドネシア人にテープに吹き込んでもらったり、中国語は中国に留学した人から、スペイン語は英語の先生から教えてもらった。一八名のキャストは、軽快でかつ迫力があり、コミカルな演技のギャグもとりいれて見事な完成された演劇をやりきった。

三年六組は三年前に上演された「今を生きる」に、再度挑戦した。このクラスは０君を中心として大勢の男子が元気がよく、早くから意気込んでとりくんでいた。その結果大勢のキャスト全体がよくまとまって演技して観客に感銘を与え、優秀賞を獲得した。三年七組はスタインベックの「二十日鼠と人間」で敢闘賞を獲得した。一九三〇年代のアメリカ社会の底辺で生きる労働者たちの姿を、知恵遅れの若者と一人の青年との友情もおりまぜて、充実した演技力で訴えた。一年八組は「助け愛」（エイズと高齢化社会）というテーマで、二つのオリジナルストーリーをつくって人形劇と展示で訴えた（優秀賞）。一年九組はビデオのコマどりの技術を使ったり、美しい情景をうまく入れてビデオ作品「誰がために風が吹く」を完成させた（優秀賞）。

＊再び体育館に響く自由を求める歌声「サラフィナ！」（一九九四年）

この年は三年が全九クラス、二年が七クラス、一年が二クラス、合計一八クラスが演劇に取り組んだ。三年生は昨年食堂をやった六組を除いて二年連続して演劇をやり、例年に劣らず、あるいはそれ以上にがんばってすばらしい成果をあげた。この学年はすでに二年のときからかつてないほど、ほとんどのクラスが公民館や集会所を借りて夏休みからよく練習していた。三年の上位を争った数クラスの出来は、ここ二〜三年来の上位クラスを上回っていた。

ビデオは8ミリ映画にかわって登場して以来、これまでは一年生しかやらなかったが、今年ははじめて二年の二クラスがとりくんだ。すぐれた作品が登場することを期待したが、一年生で唯一ビデオにとりくんだクラスが努力賞をとるだけに終わった（一年五組「コバルトブルーの似合う男達」）。文化委員長の筧くんを中心とする有志（他校生も含む）のグループがビデオ作品を上映したが、有志団体が近年ほとんどなくなった中で、その意欲が注目される。若者の自殺をテーマにしていたが、技術的に高いレベルに達していた。

展示は一年生の六クラスがとりくんだが、いまひとつ工夫と時間をかけた努力が求められた。九三年のクマのプーさんや、空き缶ハウスにつづいて、一年九組が実物大のゴリラをつくった。教室をジャングルのようにするとともに、ゴリラを例にしながら動物の数が減っている現状も展示もして、優秀賞を受賞した。

＊ミュージカルとしてすばらしい展開をみせ、社会的な内容も深めた「サラフィナ！」

「サラフィナ！」は三年前に三年九組が上演し、観客に大きな感動を与えて優秀賞を獲得したが、三年四組は三年前を上回る出来で優秀賞を受賞した。三年前の「サラフィナ！」も歌と踊りがあったが、黒人少女サラフィナにスポットがあてられていた。今度もサラフィナは活躍したが、サラフィナをとりまく大勢の若者達の姿が前面に出ており、南アフリカ共和国のきびしい政治情勢や大人たちにたちむかう高校生たちの動きがよく表現されていた。裏切った少年をめぐる動きやサラフィナたちが拷問に合うところ、デモ行進のシーンとかけ声なども見事に展開されていた。また、一九九四年のネルソン・マンデラ大統領の登場とかれのスピーチもとりいれてられており、歴史的・政治的現実を訴えようとした点も評価出来る。さらに、コーラスをバックに語りを入れたり、多くの歌をとりいれ歌いこなして、ミュージカルとして飽きさせなかった。場面展開もみごと、大道具や照明などもきまっていた。

このクラスは昨年「コーラス・ライン」をやり、二年生で唯一再演になった実績があったが、「クラスのみんなが出て、歌い、踊る」ものをやろう、ということで先輩がすでにやっていたものに敢えてとりくんで大成功させた。台本はまず、ミュージカル映画「サラフィナ！」のビデオのセリフを一〇人以上で分担して写しとり、クラス全員に配った。その後六人で話し合って七〇分におさまるように演劇の台本に仕上げていった。結局、照明の三人と音響の二人以外の三八人が舞台にあがって演じた。演出をした青木くんは、卒業式の答辞で、「一年のときに三年生の素晴らしい演劇を見て以来、あれを上回る劇をやろうと思っていた」とのべたが、見事やりとげたのであった。

＊「ウェストサイド・ストーリー」と「奇跡の人」

「ウェストサイド・ストーリー」は保谷高校で三年生や二年生が、過去に三、四回とりくんだが、優秀賞まではいけなかった。三年七組は体育館全体を使い、みごとにやりきって、はじめて優秀賞を受賞した。ミュージカルものは往々にして中心となるキャストの歌唱力が足りなくて失敗するが、マリア（芸術系大学の声楽科志望者）はみごとに歌いきったし、多くのキャストも乱闘シーンなどをはじめとする演技や、踊りと歌をよくこなして高い完成度を示して成功させた。「奇跡の人」（三年九組・

敢闘賞）は中心となるキャストは少なかったが、セリフがないだけに難しいヘレンケラーの役を矢野さんが迫力ある見事な演技でやりこなしたのをはじめ、お母さん（演劇部の大塚さん）やサリバン先生など充実した演技で、観客に涙を催させた。このクラスは台本をさがすために早稲田大学の演劇図書館へ行ったり、池袋や新宿の本屋へ行ったりしていろいろな作品が候補に上がったが、最終的に「奇跡の人」になった。お父さん役を決めるのに苦労したが、クラスで投票して野球部の宮沢くんに決まり、彼もがんばってやりとげた。発声練習もよくやったが、一番盛り上がる「水＝ウォーター！」のシーンをどうするかで大変苦労した。伊藤くんにまかせていたが、彼は非常な研究と苦労の末、井戸の水がでる装置を本番二〜三日前に完成させた。

アメリカの名画「一二人の怒れる男」の演劇版は過去に二年生が二回上演しているが、再演までにはいかなかった。二年三組（担任・筆者）は陪審裁判が進行する一幕もののセリフ演劇「一二人の優しい日本人」にとりくみ、再演するだけでなく、見事奨励賞を受賞した。演劇で二年生が受賞したのは久しぶりのことである。このクラスは元気のよい男子生徒が多く、夏休み早々から練習に入り三年生なみの練習量で、難しい演劇を完成させた。さまざまな年齢層と職業の九人の男性と三人の女性が陪審員となって有罪か無罪かを推論していくドラマだが、一二人のキャスト全員が個性ある人間として演じきって、教員や審査員から高い評価をうけた。二年生としてはかつてないハイレベルで、三年生にもひけをとらなかった。

三年二組の「俺たちは天使じゃない」（特別賞）は剣道場で行われたが、演劇のおもしろさを十分味わわせてくれ、観客を笑わせた。これはある劇団がやっていたコミカルな踊りや歌も入った演劇を台本を取りよせてやったのだが、男女三人組のドロボーや田舎の警察官をはじめキャストはそつなくやりこなし、観客をひきつける演技で楽しませた。三年一組は山田洋次監督の映画「学校」にとりくみ、見事に舞台化して成功させた。再演は三階フロアーから下に降ろされたこともあって受賞はできなかったが、映画で田中邦衛が演じた人をはじめキャストは力演し、夜間中学での人間模様を豊かにくりひろげて観客の胸にせまるドラマを展開させた。

＊本格的な現代コメディを見事にこなしきった「ラヂオの時間」（一九九五年）

この年は一年生が八クラス中五クラス演劇を行うという、文化祭史上はじめての事態となった。二年生は全九クラス、三年生は食堂をやった一クラスを除いて八クラスが演劇にとりくみ、合計二六クラス中二三クラスが演劇を行うことになった。一九八七年の二四クラス、一九九〇年の二三クラス以来である。映写ははじめて、クラスとしては〇になってしまった。もと文化委員長の筧君たちが作った有志のビデオ一本が、かろうじて上映された。

三年生の八クラスは昨年に比べて全体的にとりくみが遅く、心配されていた。その中でもまず二組が「今を生きる」に決定し、通行者のだれにもよくわかるように教室脇のロッカーに「三―二・《今を生きる》に決定」と大きくはり出してみんなの気分を盛り上げてくれた。そして隣の三年三組（担任・筆者）は、昨年唯一再演に輝いたクラスだけにとりくみは一番早く、「一二人の優しい日本人」が終わってまもなく、やはり三谷幸喜の「ショー・マスト・ゴー・オン」をやろうと、男子で盛り上がり、誰の役は誰がいいだとか具体的に話が進んでいた。そのビデオを、親も何回となく見させられたという話も担任に伝わってきた。しかし、文化委員の筧君はあせらず、クラス全体でコメディがいいか、他にどういうものがいいか二回アンケートをとった。対抗する作品がなかなかでない中で、その後同じ三谷幸喜の**「ラヂオの時間」**も候補にあがってきた。そこで、放課後残ってもらって劇団が上演した二つの作品のビデオをみんなにみてもらい、どちらにするか多数決で決めることになった。「ラヂオの時間」は実は、男子の数人が日大のサークルで公演したものも見ていて、なかなか面白いぞ、という情報も入っていた。そして結局、「ラヂオの時間」に決まった。ところが、演劇部員がいる三年五組で「ショー・マスト・ゴー・オン」をやることになったのである。以上のような状況であったが、蓋をあけてみたら、「ラヂオの時間」（優秀賞）だけが抜きん出ていて、最優秀賞をあげても惜しくないという声も聞かれた。他のクラスはややレベルが下がった感じがあった。

「ラヂオの時間」はラジオドラマを製作しているスタジオが舞台の現代コメディで、ドラマを制作して行く過程の面白さと、キャストのそれぞれが自分の人生をもっていて悩みを抱えながら生きている姿とが交じりあって展開していく「一二人の優しい日本人」や「ショー・マスト・ゴー・オン」とよく似た設定のコメディである。セリフも多く展開も早い劇だが、三組のキャストは昨年の「一二人」をさらに大きく上回る演技力で見事にやりきって、観客を楽しませた。このクラスは夏休み中も三年の他のクラスの数倍の練習量をこなしきり、担任（筆者）が八月三一日に公民館に行った日にはもう、はじめて通しをやるという状態だった。保谷高文化祭で最優秀賞・優秀賞レベルの過去の演劇の中でも、セリフの多さはおそらく最高だろう。この年は三年が八クラス中、三クラス日本の演劇台本をやったが、翌年の文化祭でコメディものが流行るきっかけをつくった。「今を生きる」（三年二組）は、九〇年度（最優秀賞）、九三年度（優秀賞）に続く三番煎じ（教員の側からすれば）で、展開が単純で演技力はいまいちであったが、一年生などには大きな感動を与え、優秀賞を獲得した。「俺達の甲子園」（三年七組）は大道具など物足りなかったが、高校野球部員の生活と心の動きをよく演じきって評判もよかった。「ショー・マスト・ゴー・オン」は賞はとれなかったが、展開と演技が難しいドラマをよくやりきり、三谷演劇の面白さと新鮮さを味わわせてくれた。

先ほど述べた有志のスタジオ・パイロッツがつくったビデオ作品「ファー・スプリング・エレキ」は漫画を原作としたもので、現代高校生の心の動きをおった作品だが、保谷高校のビデオ作品史上おそらく最高の技術水準だろう。映像の面白さとアクションがらみのストーリー展開を楽しませてくれた。

＊三年ぶりの最優秀賞、抱腹絶倒の「君となら」（一九九六年）

この年は一年が二クラスと二・三年生が全クラス、合計一九クラスが演劇にとりくんだ。一年が一クラス、ビデオにとりくんだ。三年の演劇は全体的に大道具が簡単になったり、演劇としての完成度や力量が、昨年に引きつづきやや不足していたが、やはり、多くの学校と比べれば抜群の水準であろう。その中で、二年生が昨年五クラスも演劇にとりくんだことが影響したのか健闘して、八組の「レンタル・ファミリー」が一〇数年ぶりに優秀賞を獲得したのをはじめ、素晴らしい作品をいくつか作り上げた。賞状をもらったのは三年の二クラスと二年の二クラスというかつてない事態であった。そうした中で、今年は珍しく三年生のミュージカルはなかった。一年生は展示が多い中で、見るべきものがなく残念だった。二年生の来年が期待されるとともに、一年生がやや気がかりでもある。演劇の傾向としては、一昨年の「一二人の優しい日本人」、昨年の「ラヂオの時間」（いずれも三谷幸喜）の影響が大きかった。三年の二クラスが三谷の作品にとりくむとともに、「レンタル・ファミリー」も現代コメディ演劇だった。

三年一組は三谷幸喜の**「君となら」**を剣道場で上演し、審査委員会で文句なく、最優秀賞を獲得した。私は、再演の日に見に行ったが、剣道場の一五〇席のいすを増やして、おそらく二〇〇席以上にしたと思われるが、それでも立ち見がいっぱいで入れない人も大勢いた。七三歳の老人と二〇歳台の女性が恋愛し、結婚しようということになって、女性が両親にその老人を合わせようとするというストーリーの展開である。こういう設定自体が面白く、家庭の中で展開するコミカルなドラマはキャストの見事な演技によって、まさに抱腹絶倒！　笑いの連続であった。広い体育館と違って、剣道場という場所がまたこの家庭ドラマの展開に都合よくできており、観客とキャストがまさに一体となって七〇分間を楽しくすごすことができた。キャストはみな力演、好演しており演技をやりきっていたが、とりわけ面白いおやじをやったのは演劇部の瀬口くんで、全体をリードしてくれた。演技のギャグもよく取り入られ、最後のバスケットボールをゴールに入れるシーンは、観客・キャストともに、今度は入るか、今度はどうかとハラハラ・ドキドキさせられ、クライマックスへと導いてくれた。笑いの多さは昨年の「ラヂオの時間」をはるかに上回り、一三年間の私の体験でもその意味で最高だった。

三年三組の「GOD　BLESS　YOU」は三年生としては久々のオリジナル作品で、よく受賞までこぎつけた。舞台はアメリカで、エイズにかかった青年とかれをとりまく高校のクラスメートの間で展開していく愛と友情のドラマである。オリジナルという点でストーリー展開がやや物足りなかったが、精一杯演技をやりきり訴えるものがあった。

コラム　**都立保谷高等学校—自由な校風のもと文化の花開く**（教育庁報・一九九五年九月）

都立保谷高校は、西部池袋線の保谷駅又はひばりケ丘駅から一〇数分の静かな住宅地にある。昭和四七年の開校以来「知性高く、人間味豊かに、心身ともに健康な人間を育成する」を教育目標に掲げ、「自主性を尊重」する自由な校風が形成されてきた。

保谷高生はこの校風のもとでのびのびと生活し、クラブ活動や学校行事に意欲的にとりくむとともに、勉学とも両立させ、大学等への進学実績もあげている。最近三か年の四年生大学への合格者は、既卒者を含めると、四四〇人から五二〇人である。学校行事は、一年の五月の移動ホームルームに始まり、体育祭・文化祭、修学旅行（今年は、広島・倉敷、来年は沖縄）と活発に行われているが、保谷高生が一番燃えるのは文化祭である。八年前から空前の演劇ブームが続いており、二・三年生のほとんどのクラスが演劇に取り組む。今年は二六クラス中、二三クラスが演劇を行うことになり、廊下は大道具でいっぱいであった。五〇〇席の体育館の他に剣道場とトレーニングルームに舞台をつくり、それぞれ一五〇席の観客席を設ける。一・二年生は六〇分、三年生は七〇分という時間制限の中で、一学期末には台本を書き上げ、夏休みから練習をはじめる。特に三年生はクラス全員の力を結集し、地域の公民館などを借りて、演劇の完成をめざす。最近では、「今を生きる」「アニー」「濫の中の国境」「サラフィナ」などのすばらしい作品を創造してきた。

クラブ活動も活発で、バドミントン部、サッカー部、ソフトボール部（今年度都立第一位）、陸上部、水泳部などは都大会や関東大会にも出場している。吹奏楽部や演劇部、理科部などもよく活動している。このように保谷高生は「文武両道」のバランスのとれた豊かな高校生活を送っている。

第二章　石神井高校・杉並高校定時制の文化祭作品へのコメント

一　石神井高校文化祭（一九九九年）より

「Ｌｏｓｔ　Ｔｈｉｎｇ」（映画研究同好会、二年中心・五九分）

脚本・渡辺　聡　監督・影浦つとむ

＊すぐれた技術

さすが映研だけあって、いろいろな技術をよくこなして完成させていた。セリフがよく入っていてよくわかった。様々な効果音や音響(純のセリフが入るシーン、他)、バックミュージックも素晴らしく、雰囲気をよく盛りあげていた。カメラワークによる映像も、やや見づらい所もあったが、人物の顔のアップなども含めよく撮れていた。字幕もきれいに入っていた。ここまでやりあげた力量はすごい。

＊ミステリー含みの充実したストーリー、二回のどんでん返し

中学三年のとき、仲良しの四人グループがゲームをやっていた。負けたら、飲んだらしびれる原液を薄めた液体を飲むことになっていた。ところが、純が誤って原液を飲んで死んでしまう。三人は純の死体を埋めて、行方不明ということにした。ところが一年後、その事件のときにかかわった中学校の保健室の先生のところに、「真実を告白しろ」という手紙と四人が写った写真が送られてきた。そこで先生はその写真を主人公の章吾に送る。章吾はその写真を見て、忘れていた事件を思い出す。章吾たち三人が先生の所へ行って真実を知る。先生は言う—事件の後、三人の精神的な負担をなくそうとして精神科の医師をしている父親の病院に入院させ、催眠術によってその事件を忘れるようにさせたのだと。三人は一年前のことを思い出し、純を埋めた所に花を供えた。

ところが、先生の前にXが現れて、先生は事件の時と同じ原液を飲まされて死んでしまう。三人が保健室へ行った時は手遅れだった。誰が殺したのか?。死んだ宮坂純の語りが時々、不気味な効果音とともに挿入されている。章吾の親友、美和は一年前の事件について、純は殺されたのだと聞いている。美和と二人で純の死体を確認しに行ったら、死体はなくて三人が病院に入院中に書いた日記が埋められていた。その日記を章吾は読んで、真実を知る。純は転校生ではなく、シンジこそが転校生で純はシンジの二重人格のもう一人の人間だったのだ。先生は純の死体を掘り出して川に捨てたのだった。

ところが実はこれもつくられた話だった。病院はある組織の一部に属していて、それは人の記憶を

あやつることをやっている。先生を殺したのはジュンではなく下田だった。下田と飯島（章吾の恋人）はグルで先生の山崎も組織の一員だったが、裏切ったのだった。

なかなか凝った物語で、一回見ただけではわからない。しかし、ここまで約一時間展開していくストーリーを作った努力は高く評価したい。最後のクライマックスをもうすこしわかりやすい展開にできたらよかったと思う。

演技について……キャストのセリフや演技はうまいところ、ちょっとと思うところがあるが、全体にもう少し演技力がほしかった。

石神井高校文化祭における映画部門の近年の最優秀作品である。昔のことはわからないので。

二　杉並高校定時制文化祭（二〇〇三年）より

「アン・ファン・テリブル」（四年A組＋有志）

監督・喜多村俊彦　撮影・江森良樹

＊あっという間（一日半）に作り上げた面白映画の佳作

四年A組（担任・筆者）は三年生の喜多村君や鈴木君たちに助けてもらって、まとまったビデオ作品を作り上げることができた。ストーリーは単純だが、見るものを楽しませる二二分間の面白いビデオ作品だ。担任のぼくもなにげなく出演させてもらってありがとう。一一月一日に江森くん、鈴谷くん、三原くんたちが、パソコン室であれこれやって悩んでいたのが思い出される。「次はどうなるか、とハラハラとしながら見ていた」（杉本先生）、「こういうものをつくれる力をもっているのだ」（長尾先生）、「ＰＴＡのお母さんたちに見てもらう機会をつくりたい。ダビングしたテープをください」（斉藤元ＰＴＡ会長）……と大変好評であった。

単純なストーリーではあったが、流れがきちんとできていて一貫していた。鈴木君、鈴谷君、後藤さんの三名の主役は映画らしく演技ができていた。鈴谷くんの元気な仲間たち（三原、宍戸、石垣、喜多村）や、いじめられる岩本君も面白く見ることができた。それぞれのシーンと場面展開がうまくできていた。また、各場面に応じた音響効果が素晴らしく、見事に映画を盛り上げてくれた。体育館へ入ってくるシーン、決闘のシーン、諒くんのピアノ、加奈が叫ぶ時の歌など、喜多村監督と江森君による演出・カメラワーク……顔のアップや人物を回りながら撮影したり、決闘シーンでのぼかしどりや最後はセピア色で音を消したり……と、本当によく工夫していた。

この映画は四年Ａ組プラス三年有志が中心となって製作したが、後藤さんや岩本くんなどの下級生をも抜擢し、二人もよく応えてくれた。杉並高校定時制文化祭で、後輩が来年もビデオ製作をやってくれることを期待している（後日、彼らは年末のクリスマス会に向けて二ヶ月間がんばり、より素晴らしい作品を発表した）。

あとがき

本書の執筆・完成にあたっては、同時代社の高井隆さんに大変お世話になった。私の原稿を読んで、「保谷高校の文化祭は最近はどうなっているのでしょうね」とメールで返信された。私は保谷高校から転勤してもう一一年になるが、一年だけ除いて毎年一回は文化祭を見に行っている。昨年は二日間で三年の演劇三本を見た。七〇分の劇を高いレベルでやりきっている。近年は一・二年は普通の学校とあまり変わらないが、こと三年生が演劇に燃える伝統はいまだに続いていて、三年は全クラスが演劇を行っていた。ということは、もう二〇年も上級学年の演劇が続いているわけだ。感心した。昨年の最優秀賞は「Ｓｗｅｅｔ7」（七組）で、優秀賞は「嵐になるまで待って」（八組）だったそうだ。二つとも見られなかったのは残念だった。

さて、本書執筆中の昨年秋から年末にかけて教育基本法「改正」問題が重大事態になり、ヒューマン・チェーンや国会前集会に私も何度か参加した。年末についに一九四七年教育基本法は廃止され、二〇〇六年教育基本法が成立する新しい状況になった。都立高校は、日本の教育は今後どう変わっていくか、本書の読者とともに考え行動していきたいものである。本書の内容について、旧友の河野速男さん（元都立高校教諭）からも助言をいただいた。ここに謝意を表明しておきます。

二〇〇七年一月

〈初出一覧〉

三年・政治経済での憲法学習より「日本国憲法と民主主義」 『多摩の教育』一九八〇年

西洋思想（史）学習の内容をどう精選したか 「民主主義教育」一九八一年春・夏

広島でのフィールドワーク（慰霊碑めぐり・遺跡めぐりなど）をとりいれた修学旅行 『多摩の教育』一九九〇年

文化祭の二十年 『保谷高校創立20周年記念誌』一九九一年

クラス演劇に燃える青春・同・続編 「未来をひらく教育」一九九三年秋・一九九四年冬

都立保谷高校におけるヒロシマ修学旅行 『生かされて—ヒロシマを語る会十年の歩み』一九九四年

都立保谷高等学校－自由な校風のもと文化の花開く 「教育庁報」一九九五年九月

高校時代における本との出会い—まともな本を読んで、頭と心を豊かにしよう 校誌「石神井」一九九七年

倫理の授業での二分間スピーチ 校誌「石神井」二〇〇一年

二一世紀－核兵器と戦争のない、環境と福祉の世紀へ 校誌「石神井」二〇〇二年

倫理の授業でやってきたこと 「3学区・都立高校の教育」第2集二〇〇三年

世界の名作文学を読む楽しみ 石神井高校「Our Library」二〇〇三年

〈著者略歴〉
立川　秀円（たちかわ　しゅうえん）
1946年　岐阜市に生まれる。
1969年　早稲田大学第一文学部哲学科西洋哲学専修卒業。
1970年～東京都立墨田川高等学校定時制（8年）・都立武蔵村山東高等学校（6年）・都立保谷高等学校（12年）・都立石神井高等学校（6年）・都立杉並高等学校定時制（4年）に勤務する。
2006年　3月末、退職。
現　在　全国民主主義教育研究会会員／国歌斉唱義務不存在確認等請求訴訟・原告／嘱託不採用撤回裁判・原告／東京「日の丸・君が代」処分取消訴訟・原告

共　著
1972年　『学習資料・倫理・社会』（ほるぷ出版）
1981年　『学習資料・現代社会』（ほるぷ出版）、『高校現代社会をどう教えるか』（地歴社）
1983年　『学習資料・倫理』（ほるぷ出版）
1987年　『楽しくわかる現代社会 100 時間』（あゆみ出版）
1990年　『楽しくわかる現代社会 100 話』（あゆみ出版）
1999年　『総合学習ハンドブック』（平和文化）
2002年　『私たちの倫理読本』（地歴社）、『私たちの政治経済読本』（地歴社）
2003年　『高校生の平和アピール』（平和文化）
2004年　『「日の丸・君が代」処分」』（高文研）、『良心的「日の丸・君が代」拒否』（明石書店）
2005年　『「憲法改正」きみたちはどう考えるか』（平和文化）

高校生のちからを信じたい

2007 年 2 月 15 日　初版第 1 刷発行

著　者　　立川　秀円
発行者　　川上　　徹
発行所　　同時代社
〒101-0065　東京都千代田区西神田 2-7-6　川合ビル
電話 03(3261)3149　FAX 03(3261)3237

装　幀　　閏月社
制　作　　い り す
印　刷　　中央精版印刷株式会社

ISBN978-4-88683-600-7